Klaus Koziol (Hrsg.)
Entwirklichung der Wirklichkeit
Von der Suche nach neuen Sicherheiten

D1722447

Mensch und Digitalisierung
herausgegeben von der Medienstiftung der Diözese Rottenburg-Stuttgart
Band 3

Klaus Koziol (Hrsg.)

Entwirklichung der Wirklichkeit

Von der Suche nach neuen Sicherheiten

kopaed (muenchen)
www.kopaed.de

Bibliografische Information Der Deutschen Nationalbibliothek Die Deutsche Nationalbibliothek verzeichnet diese Publikation in der Deutschen Nationalbibliografie; detaillierte bibliografische Daten sind im Internet über http://dnb.ddb.de abrufbar

Die Drucklegung wurde gefördert von der Medienstiftung der Diözese Rottenburg-Stuttgart

Titelbild: © istockphoto (ivanastar)

ISBN 978-3-86736-577-2
eISBN 978-3-86736-602-1

Druck: docupoint, Barleben

© kopaed 2020
Arnulfstraße 205, 80634 München
fon: 089.68890098 fax: 089.6891912
email: info@kopaed.de www.kopaed.de

Vorwort zur Reihe

Viel ist in letzter Zeit von der Digitalisierung die Rede. Und das zu Recht. Die Digitalisierung stellt eine noch nie erlebte Revolution in der Menschheitsgeschichte dar in einer noch nie dagewesenen Breite und einer noch nie erlebten Geschwindigkeit. Die Digitalisierung betrifft alle Bereiche des menschlichen Lebens. In der Reflexion über dieses Totalphänomen steht meistens die technische Perspektive im Vordergrund.

Die Reihe „Mensch und Digitalisierung" der Bischöflichen Medienstiftung der Diözese Rottenburg-Stuttgart untersucht die Auswirkungen des „Totalphänomens" Digitalisierung auf unser Menschsein in der Moderne. Dabei will die Reihe aber nicht nur analysieren, sondern auch konkrete Anhaltspunkte für Handlungsmöglichkeiten thematisieren. Niemand kann sich der Digitalisierung und ihren Auswirkungen entziehen, umso wichtiger sind deshalb Impulse mit Wirklichkeitsverlusten umzugehen und neue Sicherheiten zu finden.

Inhaltsverzeichnis

Ent-heimatung –
Von der Schwierigkeit, sich zu verorten

Klaus Koziol

Die Bürgermeisterseminare in Baden-Württemberg sind für Bürgermeisterinnen und Bürgermeister eine gute Gelegenheit, sich fortzubilden und Zeit für Reflexion zu haben. Doch die Bürgermeisterseminare haben noch einen weiteren positiven Aspekt: Diese Tage bringen oftmals auch zutage, was diese Frauen und Männer in ihrer Arbeit vor Ort mit den Menschen bewegt und was die Menschen vor Ort – die Bürgerinnen und Bürger bewegt.

Im Jahr 2017 konnte ich an fünf solcher Bürgermeisterseminare teilnehmen; ich sollte über Digitalisierung in den Gemeinden referieren und mit den teilnehmenden Bürgermeistern ins Gespräch kommen. Es dauerte nicht lange und die Teilnehmer machten mir klar, dass ihr Interesse an der Digitalisierung nicht sehr groß und dass die Digitalisierung keinesfalls das Megathema in ihren Gemeinden sei. Alles, was für eine Gemeinde zu tun sei, müsse am Hauptproblem ansetzen, und das sei die Einsamkeit und Isolation der Menschen. Einsamkeit und Isolation lähmen nicht nur die einzelnen Menschen, sondern das gesamte Engagement der Bürgerinnen und Bürger für ihren Ort.

Diese Reaktionen der Bürgermeister und Bürgermeisterinnen weisen tatsächlich auf etwas Existenzielles für Gesellschafts- und Gemeinschaftsentwicklung hin: Generell können Menschen nur dann mutig und entschlossen die notwendigen zukunftsorientierten Schritte gehen, wenn sie eine gewisse Stabilität in ihrem Leben und im Zusammenleben mit anderen Menschen erfahren. Menschen, die solche Stabilität nicht haben, müssen ihre Aufmerksamkeit auf die Themen lenken, die ihrer Grund-Stabilität im Wege stehen, und das sind in dem Fall Einsamkeit und Isolation, die sich wie Mehltau über die Menschen und die Gemeinden legen.

Genau hier müssen die gesellschaftlich Verantwortlichen in den Gemeinden ansetzen: Die Menschen brauchen Stabilität und Sicherheit in ihrem eigenen Leben, im gesellschaftlichen Leben, im beruflichen

Leben, damit man sich zutrauen kann, in unbekanntes, unsicheres Zukunftsterrain gehen zu können.

Das ist ein wichtiger anthropologischer Grundzug, der verstanden werden will: Wollen Menschen ihr Leben als einigermaßen stimmig und sinnvoll einordnen, dann müssen sie das Gefühl haben können, dass die unterschiedlichsten Balancen des Lebens stimmig zueinander sind. So ist es wichtig, dass Balancen zwischen privat und beruflich, zwischen Anspannung und Entspannung und eben auch zwischen Sicherheit und Veränderung geschaffen werden müssen. Und immer ist es das „und", das entscheidend ist, nur Gewichte auf der einen Seite der Waagschale zu haben und die andere Seite zu vernachlässigen, das bringt Unwucht, letztlich Lähmung ins Leben. Wer keine Sicherheit in seinem Leben erfährt, der kann sich nicht aktiv ins Gemeindeleben einbringen, geschweige denn mutige Schritte auf die Zukunft hin tun.

Das war eine wichtige Lehre für mich aus den Seminaren mit den Bürgermeisterinnen und Bürgermeistern. Der Mensch braucht Lebensbereiche, die ihm unhinterfragt Sicherheit bieten, in denen er sich in diesem Sinne beheimatet fühlt, weil sie wichtige anthropologische Bedürfnisse abdecken und den Menschen damit in der Balance halten. Und welche Bedürfnisse sind das? Vor allem: Die Bedürfnisse nach Verstehen und Verstanden-Werden, nach Bewahren und Verändern, ja, nach unmittelbaren Erfahrungen.

Vieles – und wir werden das noch genauer beleuchten – ist in unserer Zeit in den Fluss der Veränderung geraten, vieles, was noch vor nicht allzu langer Zeit als unhinterfragbar sicher galt, wurde zur Disposition gestellt. Gerade die Digitalisierung und die weltweite Mobilität stellen die Menschen vor völlig neue Herausforderungen. Institutionen erleben dabei dramatische Auflösungserscheinungen, berufliche Identitäten ändern sich und tradierte Beheimatungen verlieren gravierend an Bedeutung. So ist Heimat vor Ort, der Ort, in dem ich lebe, oftmals längst keine Heimat mehr, sondern dieser Ort ist nur noch Schlafort, eine beheimatende Identifikation ist dann nicht mehr vorhanden.

Aber die Digitalisierung bringt nicht nur Herausforderungen mit sich, die digitale Kommunikation bietet auch neue Möglichkeiten der Sicherheitssuche und der Beheimatung an. Ob es ein Mit-Leben des Lebens von Influencern ist oder Netz-Communities, die sich um gemeinsame Interessen gruppieren, all diese Artefakte des digitalen Lebens sind Hinweise für die Suche der Menschen nach Sicherheit und Beheimatung.

Doch auch hier muss gelten: Die Balance muss gewahrt bleiben, hier die Balance von technisch vermittelter Beheimatung und realer, direkter Beheimatung. Das ist das Zentrum unserer Überlegungen: So wichtig „Netz-Heimaten" sein können, so zwingend notwendig sind im Sinne der Balance für ein gutes Leben die Sicherheiten und die Beheimatung im direkten, analogen Leben, hier an erster Stelle in der Familie und in der Gemeinde, in der man lebt. Wenn man so will, beide Waagschalen müssen gefüllt sein: Es braucht die „Netz-Heimat" und es braucht die Heimat vor Ort. Sind „Netz-Heimaten" bei vielen Menschen sehr gefragt (man schaue sich nur die Follower-Zahlen bei Influencern an!), so scheint die Gemeinde vor Ort (siehe oben) massiv an Bedeutung für Beheimatung verloren zu haben.

1) Der Mensch in der digitalen Moderne

a) *Beschleunigung und Entgrenzung*

Wenn man die Moderne zusammenfassend kennzeichnen will, so mit dem Stichwort: Beschleunigung. Alle Dimensionen menschlichen Daseins sind hiervon erfasst, wer kann sich schon vom „Immer schneller", „Immer mehr" dispensieren? Der immer schnellere Wandel in allen Lebensbereichen ist ein zentrales Signum unserer gegenwärtigen Zeit. Nur einen ungefähren Überblick über einzelne Bereiche unseres Daseins erreichen zu wollen, ist unmöglich, denken wir beispielsweise an die Entwicklung in der Technologie. Und wenn wir glauben, uns in einem Bereich auszukennen, können wir sicher sein, dass morgen schon wieder ein neuer Beschleunigungsschub erfolgt. Stillstand heißt Rückschritt, und dies fürchten alle so sehr wie der Teufel das Weihwasser. Schnell ist man von gestern und hat nichts mehr zu bestellen in unserer modernen Zeit.

Man stelle sich vor: Jemand verzichtet bewusst auf Handy und E-Mail-Kommunikation und setzt voll auf die Entschleunigung mit handgeschriebenen Briefen. Man ahnt: Gegen diesen Beschleunigungsdruck ankämpfen zu wollen, hieße, ein würdiger Nachfolger von Don Quijote zu sein. Die Beschleunigung ist das Kennzeichen der Moderne und somit ein Totalphänomen (so ein Begriff von Marcel Mauss), ein Totalphänomen, das alle Lebens- und Gesellschaftsbereiche durchdringt und zur verhaltensnormierenden Vorgabe wird.

Die Beschleunigung führt zu einer wahren Revolution, wer sich ihr entgegenstellt, wird weggerissen. Ein besonders eklatantes Beispiel ist hierfür der Bedeutungsverlust der Institutionen. Institutionen sind kondensierte Verhaltensnormierungen, sie geben Verhaltensmuster vor und zwingen Menschen oftmals den geforderten Normen nachzukommen. Institutionen sind solchermaßen ein wesentliches, strukturierendes Element im Leben der je Einzelnen und im gesellschaftlichen Zusammenleben. Man denke hier nur an die Rolle der staatlichen Institutionen, die Schule oder auch an die Bedeutung der Kirchen.

Und Institutionen zeichnen sich dadurch aus, dass sie als Vorgabe Normierungen setzen, von denen anzunehmen ist, dass diese Normierungen kondensierte Werte- und Lebensmuster sind, die quasi überzeitlich Gültigkeit besitzen. Überzeitlich will heißen: Sie sind gesetzt und haben statuarisch Gültigkeit, vielleicht nicht bis in alle Ewigkeit, aber zumindest bis kurz davor.

Und jetzt kommt die Beschleunigungsmaschinerie der Moderne, ihr Leitmotto steht in großen Lettern in der Halle von Facebook im Silicon Valley: Move fast und break things. Und dieser Beschleunigungs- und Veränderungsdruck trifft nun die quasi statuarischen Institutionen – zwei Welten treffen sich, kann man da nur sagen. Und wer der Sieger ist, kann man leicht zum Beispiel an den Kirchen ablesen: ein immenser Bedeutungs- und Mitgliederschwund. Es wäre ja auch ein Widerspruch zur revolutionären Dynamik der Beschleunigung, wenn gerade Institutionen von der Veränderung ausgenommen wären.

Nein, Institutionen haben Grenzen gesetzt, haben normierende Vorgaben gemacht, waren „Einordnungshelfer" für die Menschen, und gerade das bekämpft die digitale Moderne mit ihrem absoluten Veränderungsdruck und Veränderungswillen – Grenzen welcher Art auch immer, ob räumlicher, beruflicher oder ethischer Art, und Vorgaben, wie Denken und Verhalten angeleitet werden kann – Grenzen und Vorgaben sind die absoluten Feinde in der Logik der beschleunigten digitalen Moderne.

Die Institutionen sind das erste Opfer. Nicht viel anders sieht es mit der räumlichen Begrenzung aus, eine räumliche Begrenzung, in der sich bisher das private, berufliche und öffentliche Leben abgespielt haben. Gerade durch die Mobilität wird deutlich, was gemeint ist: Es ist heutzutage mehr als selbstverständlich, dass in einer Abteilung in einem Unternehmen die Mitarbeiter in Deutschland, USA und Singapur sind und von dort aus arbeiten.

Räumliche Begrenzungen sind dazu da, aufgesprengt zu werden, und das bekommt auch eine weitere Begrenzung zu spüren, die uns eigentlich selbstverständlich ist, der Nationalstaat: „Er (der Nationalstaat, Ko.) hat offensichtlich und anscheinend unwiederbringlich seine zentralen Attribute – seine innere und äußere Souveränität und seine soziokulturelle Homogenität – verloren. (…) Es scheint vielmehr, als ob der Nationalstaat in einem System des komplexen Regierens aufgehoben wird, in dem verschiedene Ebenen des Regierens institutionell ausdifferenziert und integriert sind."[1] Dieses komplexe Phänomen kann hier nur angerissen werden. Der Nationalstaat definiert sich durch die Identität von Kultur, Gemeinschaft und der Regelungs- und Steuerungsverbindlichkeit innerhalb eines fest umrissenen Territoriums. Wenn diese drei Topoi grundlegend für den Nationalstaat sind, dann sind alle drei durch die gegenwärtig stattfindenden Veränderungen vehement angefragt: Das Bewusstsein, dass Kultur identitätsstiftend noch immer das kollektive Gedächtnis bildet und nach außen das Verhältnis zu anderen definiert, ein solches Bewusstsein ist zumindest in Zeiten globalisierter Durchdringungen disparater geworden. Ist eine solche kulturelle Grundlage brüchig, dann ist es auch schwierig, wenn nicht gar unmöglich, sich als Teil eines zusammengehörigen Soziogebildes zu verstehen, das durch die jetzt als zufällig definierte territoriale Dimension zusammengehalten wird. Ulrich Beck spricht hier dann von „Soziosphären". Diese „bewegen sich auf einander überschneidenden Bahnen, ohne sie je zu berühren. Sie sind das genaue Gegenteil einer funktional integrierten

---

1 Grande, Edgar, Die Aufhebung des Nationalstaates: Perspektiven des Regierens in Europa, in: Jahrbuch Arbeit und Technik, hrsg. v. Werner Fricke, Bonn 1999, S. 378 – 391, hier: S. 378

Gemeinschaft."[2] Wie sollte dies auch möglich sein in einer multipolaren und multioptionalen Welt, in der kulturelle Weltbilder in ihrer auch je territorialen Eigenart zunehmend unwirksam werden.

Die Konfrontation des Einzelnen mit Phänomenen, zu denen er keine erfahrungsmäßigen Bezüge hat, wird nahezu ins Grenzenlose ausgedehnt, mit der Konsequenz, dass solche Kenntnis nur seine Orientierungsschwäche noch weiter vorantreibt. In dieser Konsequenz bedeutet Globalisierung eine „Entterritorialisierung des Sozialen",[3] „was bedeutet, dass der Raum der Gesellschaft nicht mehr durch Anwesenheit an einem Ort definiert wird und begrenzt wird. (Das) ist eine Schlüsselerfahrung der modernen Gesellschaft, wodurch diese sich von vormodernen Epochen unterscheidet. Das bedeutet: geographische und soziale Netze fallen auseinander. Man muss nicht an einem Ort leben, um zusammen zu leben, und an demselben Ort zu leben heißt keineswegs, zusammen zu leben."[4] Dieser Prozess der Entterritorialisierung ist von kaum zu überschätzender Brisanz: „Wenn sich das Zusammenleben aus räumlicher Bindung löst, wenn eine Woge transnationaler Mobilität von Menschen, Wirtschaft und Risiken das territoriale Apriori aufhebt, dann ändert sich alles."[5]

b) Beschleunigung und der Verlust der Heimat

Wenn die durch die Beschleunigung und Mobilität verursachte Unsicherheit und Ortlosigkeit ein Signum der digitalen Moderne ist, dann ist es nahezu ausgeschlossen, dass die Gemeinde vor Ort noch Heimat für die Menschen sein kann. Der Ort vor Ort scheint nur noch für diejenigen Heimat zu sein, die es nicht geschafft haben wegzukommen. Nicht umsonst sagt Olaf Zorzi: „Die wirklich Fremden in der modernen Gesellschaft sind ausgerechnet die Daheimgebliebenen."[6] Doch diejenigen, die es geschafft haben, aus ihrer Stadt und ihrem Ort herauszukommen,

---

2 Beck, Ulrich, Wie wird Demokratie im Zeitalter der Globalisierung möglich?, in: Ders. (Hrsg.), Politik der Globalisierung, Frankfurt a.M. 1998, S. 7 – 66, hier: S. 51
3 ebenda
4 ebenda
5 Beck, Ulrich, Die „Warum-nicht-Gesellschaft" in: Die Zeit, 25.11.1999
6 Zorzi, Olaf, Abenteuer, wohin man blickt, in: Brosziewski, Achim u.a. (Hrsg.), Moderne Zeiten, Konstanz 2002, S. 169 – 182, hier: S. 171

brauchen sich nicht zu freuen, als seien sie die Gewinner dieser Wanderungsprozesse. Denn das, was sie nach ihrem Auszug in die Welt gefunden haben, ist beileibe nicht das beheimatende Zusammenleben mit anderen, sondern ihr Leben ist dadurch gekennzeichnet, dass es ein Leben an „Nicht-Orten" ist, wie es Marc Augé bezeichnet. „Nicht-Orte" sind „eine Welt, die Geburt und Tod ins Krankenhaus verbannt, eine Welt, in der die Anzahl der Transiträume und provisorischen Beschäftigungen unter luxuriösen oder widerwärtigen Bedingungen unablässig wächst (die Hotelketten und Durchgangswohnheime, die Feriendörfer, die Flüchtlingslager, die Slums, die zum Abbruch oder zum Verfall bestimmt sind), eine Welt, in der sich ein enges Netz von Verkehrsmitteln entwickelt, die gleichfalls bewegliche Behausungen sind, wo der mit weiten Strecken, automatischen Verteilern und Kreditkarten Vertraute an die Gesten des stummen Verkehrs anknüpft, eine Welt, die solcherart der einsamen Individualität, der Durchreise, dem Provisorischen und Ephemeren überantwortet ist."[7]

Flughäfen, U-Bahnen, Supermärkte, Einkaufstempel, Hotelketten sind solche Nicht-Orte, in denen man nicht heimisch sein kann, es sind Orte der Ortlosen. Diese „Orte" stiften keine individuelle Identität, haben keine gemeinsame Vergangenheit und schaffen keinen Raum für Kommunikation und Beziehungen. Diese Orte sind Zeichen eines kollektiven Identitätsverlustes und schaffen eine neue Einsamkeit und Gleichförmigkeit.

„Nicht-Orte" sprießen nur so in Zeiten der Moderne aus dem Boden, die angestammten Lebens- und Heimatorte vor Ort in den Gemeinden sterben derweilen den sicheren Tod eines Bedeutungs- und Identitätsverlustes. Die Signale sind alarmierend. Schauen wir uns einige Bereiche an, wie bspw. das Ausbluten der Dorfmitte. Viele Dörfer und kleinere Städte haben das Problem, dass in ihrer Mitte nicht mehr viel los ist. Es fehlen Geschäfte, Gaststätten, öffentliche Einrichtungen. Ob in diesen Dörfern und Städten in den Rändern wie beim Donut viel los ist, kann man wohl mit Fug und Recht bezweifeln. Es leben zwar viele Menschen in diesem äußeren Ring, dass dort aber viel los ist, das wäre wohl eine Fata Morgana.

---

7 Augé, Marc, Nicht-Orte, München 2014, S. 83

Ein erstes Zeichen des Verlustes der Dorf- und Stadtmitte ist, dass Läden geschlossen werden. Stefan Genth, Hauptgeschäftsführer des Handelsverbandes Deutschland sieht die Zukunftsaussichten für Einzelhändler in vielen Gemeinden „ernüchternd": Läden schließen, Nachmieter sind nicht zu finden, und auch den verbliebenen Händlern bleiben dann oft die Käufer aus.[8]

In eine ähnliche Richtung argumentiert Fritz Engelhardt, Landesvorsitzender Baden-Württemberg des Deutschen Hotel- und Gaststättenverbandes (Dehoga). So stünde bei 4.500 bis 5.000 Gaststätten in Baden-Württemberg die Übergabe an einen Nachfolger an. „Den meisten wird das nicht gelingen", so Engelhardt.[9] In Bayern steht in gut einem Viertel der 2.200 Gemeinden kein Gasthaus mehr. Auf ganz Deutschland bezogen existieren von den 70.000 Gaststätten aus dem Jahr 1994 noch die Hälfte.

Ich denke, man kann sagen, wenn die Ortsmitte stirbt, stirbt auch eine wichtige Grundlage für Gemeindeidentifikation und Heimatgefühl. Warum sollte man noch aus dem Haus, wenn man im Ort nur wenig einkaufen und niemanden treffen kann?

Ein beliebter Treffpunkt gerade für Männer in Dörfern und kleinen Städten war der Stammtisch. Dort konnte man Gespräche über Gott und die Welt führen, sich den „Kropf leeren" und dabei hat man zusammen noch ein Bier getrunken. Aber auch die Stammtische stehen auf der Roten Liste der aussterbenden Arten. Viele sagen, der Stammtisch habe sich in seiner Bedeutung ins Netz verlagert, doch das ist ein Trugschluss: Stammtische in der Realität in der Kneipe an der Ecke und „Stammtische" im Netz sind grundlegend unterschiedlich. Ich möchte sogar so weit gehen zu sagen, das Fehlen der realen Stammtische und das Verlagern ins Netz ist mit daran schuld, dass es im Netz zu einer solchen Radikalisierung und oftmals schamlosen Hetze kommt. Warum kann ich das so postulieren? Die Funktion der Stammtische – wir sagten es – war, sich zu treffen und über das zu räsonieren, was einem gerade auf der Seele brannte. Die gleiche Funktion haben die „Stammtische" im Netz. Doch jetzt kommen die Unterschiede: Im realen Stammtisch musste einer damit rechnen, wenn er sich über etwas echauffierte, dass

---

8   Siehe Kleine Läden, große Sorgen, in: Süddeutsche Zeitung, 5. Oktober 2018
9   Siehe Süddeutsche Zeitung, 27. November 2017

sogleich ein anderer Stammtisch-Bruder ihm ein Contra gab und es dann ein lebhaftes Für und Wider gab. Ganz anders im Netz: Dort treffen sich – ausgewählt über Sprachcodices – Menschen, die zumeist über eine ähnliche Weltsicht verfügen. Wenn dann eine pointierte Einbringung in den „Stammtisch"-Diskurs erfolgt, braucht der Einbringende keine Angst haben, dass es Gegenstimmen gibt, ja im Gegenteil, viele setzen dem oftmals zugespitzten Argument noch eine Schärfe drauf.

Und noch etwas zeichnete den Stammtisch aus: Auch nach der hitzigsten Diskussion konnte man anschließend noch ein Bier gemeinsam trinken – vielleicht auch erst beim nächsten Treffen, aber es ist – so denke ich – nicht überspitzt, wenn man sagt, dass dies eine Form der Basisdemokratie und der politischen Meinungsbildung ist, respektive war. Und mit dem Stammtisch vor Ort stirbt eben auch ein weiteres Stück Gemeindeidentifikation, ein weiteres Stück Heimat.

Man kann mit dieser Roten Liste gerade weitermachen. Neben dem Stammtisch sind für viele Menschen die Vereine ein Stück Heimat. Aber auch hier sieht es nicht viel besser aus: „Auf dem Land droht ein Vereinssterben. Zwischen 2006 und 2016 und damit binnen zehn Jahren lösten sich in ländlichen Regionen bereits mehr als 15.500 Vereine auf – das war jeder neunte, wie der Stifterverband in Berlin mitteilte. In Dörfern, Gemeinden und Kleinstädten haben Vereine zunehmend Schwierigkeiten, Engagierte zu gewinnen und zu binden. Nahezu jeder vierte Verein auf dem Land verzeichnet mittlerweile erhebliche Rückgänge bei der Zahl der Engagierten (22 Prozent)."[10] Und mit dem Verschwinden von vielen Vereinen verschwindet gleichzeitig ein weiteres Stück Heimat und Beheimatung. Oftmals ist es auch so, dass die Vereine noch genügend Mitglieder haben, aber es fehlt eben eklatant an Menschen, die sich über ihr persönliches, zum Beispiel sportliches, Interesse zur Verfügung stellen, um den Verein als Ganzes durch z. B. vorstandliche Mitarbeit mit am Leben zu erhalten. Dann ist ein solcher Verein eben nicht mehr als ein kostengünstigeres Sportstudio. Man geht hin, holt sich sein Interesse ab und geht dann wieder. Solcherart kann ein Verein keine Heimat bieten.

---

10 Siehe Pressemitteilung AFP vom 7. September 2017, Stuttgarter Nachrichten

Ein interessanter Aspekt der Ehrenamtlichkeit wurde aus Rheinland-Pfalz gemeldet: Dort fehlen laut einer Meldung des Südwestrundfunks vom 29. April 2019 insgesamt 495 ehrenamtliche Bürgermeister. Diese Stellen, die Ehrenamtlichen vorbehalten sind, können nicht besetzt werden. Dies passt zu dem von uns Gesagten: Man bräuchte eine Identifikation mit seinem Ort, müsste Verantwortung für die Menschen in seinem Ort empfinden, dann würde man auch für diese Aufgabe zur Verfügung stehen. Nun: Dass das nicht der Fall ist, zeigen die Zahlen.

Schauen wir uns noch einen Bereich an, der mit der Donut-Mitte zu tun hat, aber mit dem genau umgekehrten Effekt: In diesem Fall ist die Donut-Mitte nicht leer, sondern im Gegenteil äußerst gefüllt, nämlich mit Autos. Gerade unsere Städte sind so gebaut, dass sie Auto-kompatibel sind: „Wir haben versucht in den Städten eine Welt für Autos zu bauen. Der Fußgänger kommt in dieser Konzeption nicht vor", so Hermann Knofler, Verkehrswissenschaftler aus Wien.[11] Das Ergebnis: eine Kulturmeile, die in Wahrheit eine Verkehrsschneise ist, Plätze, die keine sind, sondern Verkehrsknoten, Fußgänger, die sich im Straßenraum oft nicht einmal geduldet fühlen. Wo sollen da Beheimatungsgefühle entstehen können?

Dörfer und Städte, die mit den genannten Effekten ausbluten, sind keine Gemeinden mehr, wenn man bei dem Begriff Gemeinde zugrunde legt, dass etwas Gemeinsames vorhanden ist. Und diesen Verlust an Gemeinsamem sieht man auch in der eingangs erwähnten Erkenntnis der Bürgermeisterinnen und Bürgermeister, die als ein gravierendes Problem in ihren „Gemeinden" die Einsamkeit und Isolation der Menschen feststellten. Eine Studie der Marktforschungsfirma YouGov zur Situation in Hamburg lässt aufhorchen: Nur 15 Prozent der Hanseaten kennen einen Nachbarn persönlich. Man sieht sich und kennt sich nicht. Kann da Gemeinschaft oder gar Heimat entstehen? Und man glaube ja nicht, dass es in kleineren Städten oder Dörfern anders aussieht: Dort gibt es noch verstärkend No-go-Areas – das heißt: In die verwaiste Ortsmitte kommen die Menschen nicht, die in den Neubausiedlungen wohnen, und die Menschen, die noch in der Ortsmitte wohnen, denen die Einwohner der Neubaugebiete sowieso fremd sind, kommen nicht dorthin.

---

11 Siehe Stuttgarter Nachrichten 22. Oktober 2018

Man trifft sich nicht und hat sich nichts zu sagen. Wer mobil ist, fährt zum Einkauf in die Einkaufszentren am Rande der Gemeinden und zum Vergnügen in die großen Städte, und wer nicht mehr so flexibel ist, dem bleibt nur noch die Einsamkeit – schöne Heimat lässt sich da nur sagen.

Schon in den 60er-Jahren des letzten Jahrhunderts hat Martin Heidegger die Entwicklung gesehen. In seiner Rede zum 700jährigen Jubiläum seiner Heimatstadt Meßkirch sagt er, dies alles deutend: „Wohin zeigen diese Zeichen? Sie zeigen, dass die Menschen dort, wo sie von außen gesehen ‚wohnen', gerade nicht mehr zu Hause sind. (…) Die Möglichkeit besteht, und sie bestätigt sich täglich mehr und mehr, dass bald ein Zustand eintritt, in dem der Mensch das, was Heimat heißt, nicht mehr kennt, nicht mehr braucht, weil er es nicht mehr entbehrt. Was wäre dann, wenn das Heimische verschwinden würde? Dann gäbe es für den Menschen auch nicht mehr das Unheimische. Und dann? Dann gäbe es nur noch den rasenden Wechsel vom Neuesten zum Allerneuesten, dem der Mensch mit seinen sich ständig überbietenden Machenschaften nachhetzt."[12] Und was ist das Ergebnis dieses Hetzens: Der Mensch kann hetzen wie er will, er kann nicht mehr Schritt halten und nimmt sukzessive Schaden an seiner Seele und seinem Körper, der Mensch wird zum Getriebenen – vom Hinterherhecheln-Müssen zum nicht mehr die Kraft aufbringen Können, sein Leben als sein Leben zu empfinden.

Was der Mensch braucht, sind „befriedete Räume"[13], in denen er wieder zu sich kommen kann, wieder seine innere Balance finden kann. Nennen wir diese „befriedeten Räume" Heimat. Der Mensch braucht solche Heimaten, braucht auch und gerade solche Heimaten vor Ort – und dort „muß Heimat durch Lebenskünste und kluge Allianzen fortwährend neu erfunden werden."[14]

Und genau das versuchen wir: Lebenskünste und kluge Allianzen zu suchen und zu finden, die es dem Menschen erlauben, eine Identifikation und Identität mit sich selbst aufzubauen. Viele stabilisierenden Faktoren wären hier zu berücksichtigen, die aber beileibe hier nicht alle

---

12 Heidegger, Martin, Zum 80. Geburtstag, Frankfurt a.M., 1969, S. 38f.
13 Elias, Norbert, Über den Prozeß der Zivilisation, 2. Band, Frankfurt a.M. 1976, S. 321
14 Sloterdijk, Peter, Der gesprengte Behälter. Notiz über die Krise des Heimatbegriffs in der globalisierten Welt, in: Spiegel Special Nr. 6, 1999, S. 24 – 29, hier: S. 29

beschrieben werden können, deshalb soll es die Beschränkung auf einen Faktor geben, aber der ist grundlegend existentiell: den Ort vor Ort als Gemeinde begreifen und ihn als Heimat sehen zu können.

2) Auch der digitale Mensch braucht Heimat

Die Gegenfrage auf die Überschrift könnte sofort kommen: Braucht der Mensch überhaupt so etwas wie Heimat? Es geht uns hier darum zu zeigen, dass es Heimat als Einlösung von anthropologischen Bedürfnissen für die Menschen zwingend braucht, dass Heimat eine wichtige Voraussetzung für Mensch-Sein auch und gerade in der digitalen Moderne darstellt. Wir werden dies nachfolgend Schritt für Schritt explizieren. Vorneweg kann gesagt werden, dass Menschen eine sehr zustimmende Konnotation zum Thema Heimat haben, die sich vielleicht in einer hohen Sehnsucht nach einer Heimat vor Ort ausdrückt. Dies zeigt eine repräsentative Umfrage von Infratest vom Oktober 2015. Danach sagten 89 Prozent der Befragten, der Begriff Heimat wecke bei ihnen ein positives Gefühl. Am stärksten verbunden werden mit ihm „Menschen, die ich liebe" (92 Prozent) und „mein Zuhause, da, wo ich lebe (88 Prozent). Geborgenheit und Sicherheit verbinden 86 Prozent mit Heimat.[15] Menschen wünschen sich die Gemeinde vor Ort als Heimat und als Ort des guten Lebens.

a) Der Mensch braucht Orientierung

Bundespräsident Frank-Walter Steinmeier hat zum Einheitstag am 3. Oktober 2017 eine Grundsatzrede gehalten, und zwar zum Thema Heimat. Für ihn ging es dabei darum, Heimat aus einer biedermeierlichen Ecke herauszuholen und nicht den rechten Ideologen zu überlassen. „Ich bin überzeugt, wer sich nach Heimat sehnt, der ist nicht von gestern. Im Gegenteil. Je schneller die Welt sich um uns dreht, desto größer wird die Sehnsucht nach Heimat. Dorthin, wo ich mich auskenne, wo ich Orientierung habe und mich auf mein eigenes Urteil

---

15 Siehe: Heimat ist auch ein Schrei nach Ruhe, in: Stuttgarter Nachrichten 13. Oktober 2017

verlassen kann. (…) die Sehnsucht nach Heimat – nach Sicherheit, nach Entschleunigung, nach Zusammenhalt und Anerkennung –, die dürfen wir nicht den Nationalisten überlassen."[16]

Ja, der Mensch braucht Orientierung in dieser überkomplexen Gegenwart, braucht eine Möglichkeit, die gesellschaftlichen, wirtschaftlichen, politischen Phänomene und Abläufe zu verstehen und einordnen zu können, damit er nicht mehr sagen muss – und Steinmeier zitiert das: „Ich versteh' mein Land nicht mehr", letztlich: Ich verstehe mich selbst nicht mehr.

Wie kann nun solchermaßen Orientierung geschaffen werden und entstehen? Wichtig ist es, sich in vielerlei Hinsicht verorten zu können. Wo ist mein Platz in meinem Leben, welche Rolle und Aufgabe habe ich in dem System meiner umgebenden Um- und Mitwelt, und wo kann ich anknüpfen und was kann ich weitergeben? Der Ort vor Ort kann nun der Ort sein, der dem je Einzelnen Hilfestellung bietet, diese Verortung zu finden, um letztlich eine heimatliche Sicherheit zu bekommen.

Was mit dieser Art von Verortung gemeint ist, hat meines Erachtens kein Wissenschaftler oder kein Gemeindeverantwortlicher gesagt, sondern der Fußballprofi Andreas Beck, der auf die Frage: „Was bedeutet Heimat für Sie?" feststellte: „Heimat ist ein Gefühl, das ich dort habe, wo Vergangenheit und Gegenwart Hand in Hand gehen."[17]

Der Ort vor Ort kann zur Heimat und damit zur Orientierung für die Menschen beitragen, wenn sie den Ort als ein Verbindungsglied von Vergangenheit und Gegenwart empfinden, und zwar so klar und einsichtig, dass auch Neu-Hinzugezogene schnell und quasi auf den ersten Blick erkennen, für was ihr (neuer) Ort steht und wohin die Entwicklung gehen soll. Weil sie nur dann auch die Kraft und die Klarheit haben, selbst zielorientiert und mutig in die Zukunft zu gehen. Heimat, so legt der Bundespräsident in seiner Einheitsrede nahe, ist solchermaßen eher eine Zukunft, die gewonnen werden kann, als eine Vergangenheit, die verloren ist.

---

16 Steinmeier, Frank-Walter, Ansprache zum Tag der deutschen Einheit, 3. Oktober 2017
17 Zit. nach: Stuttgarter Nachrichten 9. Oktober 2017

Soll heißen: Zukunft braucht Herkunft.[18] Und da ist wieder die Verortung: Wenn ich weiß, woher ich komme und dort anknüpfen kann, und wenn ich eine Vorstellung habe, wie der Weg in die Zukunft weitergehen kann, dann habe ich auch für die Gegenwart einen festen Stand und weiß eher, wie ich die gegebenen Situationen einschätzen und vielleicht bewältigen kann. Odo Marquard drückt das so aus: „Zukunft braucht Herkunft. (…) Als Herkunft verstanden soll Vergangenheit als gerade nicht vergangen sein, sondern für die Zukunft Traditionen bereithalten, und Gegenwart erscheint solchermaßen als geschichtlich erarbeitete Identität."[19]

Wenn ich nun eine solche sicherheitsgebende Orientierung vor Ort verspüre, dann verspüre ich auch Vertrauen, ein Vertrauen, das der erste Schritt ist, mich auf die obwaltenden Gegebenheiten einzulassen und ich bin dann auch eher bereit, selbst mitzuhelfen, die Gegebenheiten mitzugestalten.

Das war der große Fehler von Stadtplanern in den letzten 50 bis 60 Jahren. Die Planungseuphorie in der zweiten Hälfte des letzten Jahrhunderts hatte keinen Platz für Heimat. Hier wurde geplant und umgesetzt am Reißbrett, hier wurde auf das emotionale Bedürfnis der Menschen keinen Wert gelegt, hier stand die Funktionalität im Vordergrund, Leben kam hier nicht vor.

Doch Heimat ist viel zu wichtig, als dass sie solch technokratischem Denken überlassen werden dürfte. Will der Mensch den Ort vor Ort als Heimat empfinden können, dann muss er die erfahrbare (!) Gewissheit haben, dass Gemeinde und Gemeindeentwicklung den Menschen im Zentrum hat, ganz nach dem Motto von Protagoras (490 – 411 v. Chr.), der sagte: Der Mensch ist das Maß aller Dinge.

Dieses Bewusstsein muss alles Denken und Handeln der Verantwortlichen in den Gemeinden prägen. Ist dies geschehen, dann gibt es quasi von selbst Wege und Möglichkeiten, wie je gemeindespezifisch die richtigen Schritte erfolgen können, dass ein „Gefühl der Zugehörig-

---

18 Marquard, Odo, Zukunft braucht Herkunft. Philosophische Betrachtungen über Modernität und Menschlichkeit, in: ders., Philosophie des Stattdessen, Stuttgart 2000, S. 66 - 78

19 Marquard, Odo, Abschied vom Prinzipiellen, in: ebenda, S. 16

keit und Bedeutsamkeit der Mitglieder einer Kommune entsteht (…) und es als Nebeneffekt zwangsläufig zu einer Verbesserung der

- Verstehbarkeit
- Gestaltbarkeit
- Sinnhaftigkeit

des kommunalen Zusammenlebens" kommt.[20]

Das ist das, was Gemeinden brauchen, um Heimat für Menschen zu werden: Menschen müssen im Erfahrungsfeld Gemeinde verstehen, wie Handeln geplant und umgesetzt wird. Menschen müssen verstehen und erfahren, wie gestalterisches Handeln abläuft und – ganz wichtig – wie sie sich beteiligen können. Und Menschen müssen von der Sinnhaftigkeit kommunalen Zusammenlebens überzeugt sein. Was Sinnhaftigkeit hier meint, ist wahrscheinlich am besten zu verstehen, wenn man bedenkt, dass das Wort Sinn aus dem Althochdeutschen entstammt und dort abgeleitet ist von Sinan, was Reise bedeutet. Solchermaßen meint Sinnhaftigkeit: Die Menschen wollen wissen und erfahren, wohin die Reise geht, die Reise der Gemeinschaft in der Kommune vor Ort, die Reise des gesellschaftlichen Zusammenlebens und die Reise der digitalen Moderne. Und dann findet der Mensch Heimat und ist beheimatet.

b) Der Mensch braucht Heimat

Unsere gesamten Überlegungen führen auf den Punkt hin, der zeigen soll, dass die Dimension der Heimat überlebensnotwendig für Menschen in der fortschreitenden digitalen Moderne ist. Heimat ist der Ausgangspunkt, den man als Sicherheit braucht, um mutig und engagiert die komplexen Aufgaben unserer Zeit angehen zu können.

Die grüne Parteijugend hat nun gefordert[21], man solle den Begriff Heimat streichen und dafür Solidarität verwenden. So wichtig und zentral Solidarität ist, aber Solidarität ohne Heimat lässt eine Dimension außen vor, die Heimat direkt anspricht, und das ist die psycho-emotionale Ebene, die der je Einzelne als Sicherheit braucht, um überhaupt erst fähig zur Solidarität zu sein. In der Solidarität ist der Auftrag zum Du, in der Heimat ist der Auftrag zum Ich und Wir. Solidarität ist ein Auftrag,

---

20 Hüther, Gerald, Kommunale Intelligenz, Hamburg 2013, S. 66
21 Siehe: Wallet, Norbert, Heimat ist auch ein Schrei nach Ruhe, in: 13. Oktober 2017

Heimat stillt ein Bedürfnis der Menschen, macht damit den Menschen fähig, sich als Mensch und seine Mitmenschen zu sehen.

Das ist die beste Voraussetzung dafür, mutig und engagiert aktuelle und zukünftige Aufgaben annehmen und gestalten zu können. Heimat ermöglicht, sich selber zu sehen, und sie ermöglicht, die anderen zu sehen: „Heimat ist daher nicht nur Umgebung (Milieu), an die man sich anpaßt, sondern wesentlich etwas, das erst zu schaffen ist. Der eigene Horizont wird erkundet und ausgebaut bis zum Blick über die Grenzen; solche Niveauerhöhung und Erhöhung des Aussichtsplateaus über dem Standpunkt des Subjekts bildet die Voraussetzung für jede Horizonterweiterung."[22]

Wolfgang Hinrichs macht in diesem wichtigen Beitrag auf die zentrale Bedeutung der Heimat aufmerksam, nennt dabei aber eine wichtige Bedingung: „Die hohe Bewertung der eigenen Heimat ist daher nur unter der Bedingung zulässig, daß man auch für die Heimat anderer eintritt. Das Recht auf Heimat, das idealiter für alle Menschen gilt, hat diesen naturrechtlichen Kern. Die bescheidene Sorge für die Heimat und das Heimat-Bewußtsein anderer, der nachfolgenden Generationen wie anderer Völker, ist daher die notwendige Konsequenz und Grenze des Bewußtseins der eigenen Heimat und die Sorge um sie."[23]

Heimat ist also nicht das Rückständige, Ausschließende und „Verhockte", Heimat ist etwas Dynamisches, Zukunftsorientiertes und Menschen Verbindendes. Und: Heimat in diesem Sinne muss gestaltet werden, Heimat braucht eine visionäre Idee. Ganz recht hat der aktuelle Vorsitzende der Grünen, Robert Habeck: „Politik muss eine Idee formulieren. Eine Heimatidee. Eine Identitätsidee."[24] Diese Idee muss Konkretionen erlangen im Bereich einer Gemeinde für den nationalstaatlichen Bereich und für Europa.

Wenn diese Idee einer identitätsstiftenden Heimat greift, dann kann Heimat, und mithin Solidarität, eine sinnstiftende Orientierung für eine gute Zukunft in der digitalen Moderne sein, ja, sie kann Grundlage für Mensch-Sein werden. Nicht umsonst hat Ernst Bloch in den letzten beiden Sätzen seines „Prinzip Hoffnung" geschrieben: „Die Wurzel der Geschichte aber

---

22 Wolfgang Hinrichs, Stichwort Heimat, in: Historisches Wörterbuch der Philosophie, hrsg. von Joachim Ritter, Band 3, Basel/Stuttgart 1974, S. 1038
23 Ebenda, S. 1038 f
24 In: Wallet, Norbert, a. a. O.

ist der arbeitende, schaffende, die Gegebenheiten umbildende und überholende Mensch. Hat er sie erfaßt und das Seine ohne Entäußerung und Entfremdung in realer Demokratie begründet, so entsteht in der Welt etwas, das allen in die Kindheit scheint und worin noch niemand war: Heimat."[25]

Literatur

Augé, Marc. *Nicht-Orte*. München, 2014.

Beck, Ulrich. „Die „Warum-nicht-Gesellschaft"." *Die Zeit* (1999).

—. *Wie wird Demokratie im Zeitalter der Globalisierung möglich?* Hrsg. Ders. Bd. Politik der Globalisierung. Frankfurt a. M., 1998.

Bloch, Ernst. *Das Prinzip Hoffnung*. Bd. III. Frankfurt a. M., 1970.

Elias, Norbert. *Über den Prozeß der Zivilisation*. Bd. II. Frankfurt a. M., 1976.

Grande, Edgar. *Die Aufhebung des Nationalstaates: Perspektiven des Regierens in Europa*. Hrsg. Werner Fricke. Bd. Jahrbuch Arbeit und Technik. Bonn, 1999.

Heidegger, Martin. Rede zum 700jährigen Jubiläum der Stadt Meßkirch.

Hinrichs, Wolfgang. *Stichwort Heimat, in: Historisches Wörterbuch der Philosophie*. Hrsg. Joachim Ritter. Bd. III. Basel/Stuttgart, 1974.

Hüther, Gerald. *Kommunale Intelligenz*. Hamburg, 2013.

Marquard, Odo. *„Abschied vom Prinzipiellen"* in *Philosophie des Stattdessen*. Stuttgart: Reclam, 2000.

—. *„Zukunft braucht Herkunft. Philosophische Betrachtungen über Modernität und Menschlichkeit"* in *Philosophie des Stattdessen*. Stuttgart: Reclam, 2000.

Sloterdijk, Peter. „Der gesprengte Behälter. Notiz über die Krise des Heimatbegriffs in der globalisierten Welt." *Spiegel Special Nr. 6* 1999: 24-29.

Steinmeier, Frank-Walter. 3. Oktober 2017. Ansprache zum Tag der deutschen Einheit.

Zorzi, Olaf. *Abenteuer, wohin man blickt*. Hrsg. Achim u. a. Brosziewski. Bd. Moderne Zeiten. Konstanz, 2002.

---

25 Bloch, Ernst, Das Prinzip Hoffnung, Frankfurt a.M. 1970, Band 3, S. 1628

Ent-grenzung –
Zu den ethischen Problemen delimitierter Digitalisierung

Thomas Weißer (Laubach)

Ein Bild braucht es nur, um deutlich zu machen, welche Bedeutung die Kategorie der Entgrenzung für die digitale Welt besitzt.

Zu sehen ist im unteren Drittel des Bildes ein Strand voller Kiesel und Sand. Darüber rollen Wellen auf das Ufer zu. Doch der Blick der Betrachtenden wird auf das Kind gelenkt, das in der Bildmitte zu sehen ist. Das Kind liegt auf dem Bauch im nassen Strand. Sein Gesicht ist abgewendet, nur der Hinterkopf ist zu sehen. Er wird von Wasser umspült. Das kleine Kind liegt da, als würde es schlafen. Hat ein rotes T-Shirt, eine dunkelblaue kurze Hose und Turnschuhe an. Doch das Kind, das da liegt, ist tot. Es ist der dreijährige Alan Kurdi. Ein syrisches Flüchtlingskind. Auf dem Weg über das Mittelmeer nach Europa kentert sein Schlepperboot. Schwimmwesten befinden sich nicht an Bord. Alan ertrinkt. Wie sein Bruder und seine Mutter. Alans Leichnam wird an die türkische Mittelmeerküste angeschwemmt. Dort entdeckt in den Morgenstunden des 2. Septembers 2015 die türkische Fotojournalistin Nilüfer Demir den toten Jungen – und macht dieses Bild.

Ein Bild, das wie kaum ein zweites geeignet ist, von Grenzen und Grenzerfahrungen zu erzählen. Zunächst von realpolitischen Grenzen. Es ist der ‚Festung Europa' in den letzten Jahren gelungen, ihre Grenzen gegen die Einwanderung gerade aus armen Ländern hermetisch abzuriegeln. In unterschiedlicher Intensität zeigt dies in der vergangenen Zeit die Lage in den spanischen Gebieten in Marokko, auf den griechischen Mittelmeerinseln, an der türkisch-syrischen Grenze oder den Übergängen in die Balkanstaaten. Damit sind nicht nur Ländergrenzen benannt. Diese realpolitischen Grenzen verweisen auch auf Grenzen in den Köpfen, auf Abschottungsversuche des Denkens und Empfindens. Es sind Grenzen, die Menschen zwischen sich und anderen ziehen. Sie lassen sich unter anderem dort erfahren, wo das in den Medien gezeigte fremde Elend und Leid nur noch im Ausnahmefall bewegt oder wo in Zeiten anderer Krisen gar keine Berichterstattung mehr aus Flüchtlingslagern oder von der Seenotrettung erfolgt.

Die im Bild eingefangenen Grenzziehungen zwischen offenem Meer und rettendem Strand machen zudem auf die Grenzen eigener kultureller Grundlagen aufmerksam: Denn das am Strand liegende tote Kind ist auch ein Symbol dafür, dass die Suche nach einem Land, in dem ein menschenwürdiges Leben möglich ist, nicht für alle erreichbar ist. Mehr noch: Dass die europäische ‚Erfindung' der Menschenrechte an ihre eigenen Grenzen stößt.

Schließlich steht das Bild des toten Alan Kurdi auch für mediale Entgrenzungen des 21. Jahrhunderts. Denn das Foto wird erst dadurch ikonisch, dass es in kürzester Zeit ‚viral' geht. Das Internet und die sozialen Medien ermöglichen es, dass Bilder, die noch vor wenigen Jahren nur limitiert zugänglich waren, die allein über Printmedien oder Fernsehsender wahrgenommen werden konnten, jetzt von jedem Menschen der Erde angesehen werden können. Die Digitalisierung scheint keine Limits zu kennen. Sie ist eine große Delimitierungsmaschine. Sie scheint alle Grenzen zu sprengen und sich von keinen einschränken zu lassen.

1) Verhältnisbestimmung: Digitalisierung, Ethik und Grenze

Diese ersten Überlegungen zeigen, dass die Rede von und die Reflexion auf Grenzen wie Entgrenzungen moralisch kontaminiert ist.

Denn auf einer ersten Ebene wirft das Bild der Flüchtenden auf einem überladenen Boot moralische Fragen auf: Nach Gerechtigkeit, dem Geltungsbereich und der Reichweite der Menschenrechte, dem Verhältnis von Arm und Reich oder nach der Verantwortung der Handelnden. Auf einer zweiten Ebene indes lässt das Bild ganz grundsätzlich fragen: Was dürfen Medien – und was nicht? Kurz: Welche Grenzziehungen sollen in Bezug auf die Medien gewählt werden? So fragen Katharina Lobinger, Cornelia Brantner und Clemens Schwender im Hinblick auf den weltweiten Abdruck der Fotos des toten Alan Kurdi.

> „Was zeigt man (nicht), was darf man (nicht) zeigen? Wo deutet man mithilfe von Verpixelungen nur an? Soll man von einem Abdruck des Bildes ganz absehen? Welche Implikationen hat die Bildverwendung für die Flüchtlingsdebatte? Wird damit berechtigterweise emotionalisiert?"
> (Lobinger 2017, 4)

Doch die Frage nach den Grenzen betrifft nicht nur die klassischen oder modernen Medien. Sie hat sich zu einer Frage gewandelt, die die Digitalisierung der Welt insgesamt betrifft. So werden in dem von Phillip Otto und Eike Graf herausgegebenen Band *3TH1CS. Die Ethik des digitalen Zeitalters* (Otto/Graf 2018) eine Vielzahl weitreichender Fragen aufgerufen, die auf Grenzziehungen angesichts der neuen Herausforderungen durch die tiefgreifende Digitalisierung unserer Welt zielen:

> „Sollen wir Kampfroboter verbieten? Warum ist es ratsam, respektvoll mit unserer digitalen Umgebung umzugehen? Wie sollen sich Drohnen und andere Agenten des Internets der Dinge im Umgang mit dem Menschen verhalten? Anhand welcher Kriterien bestimmen Roboter, wie sie sich in moralisch komplizierten Situationen verhalten? Ist es in Ordnung, einen Roboter zu lieben? Ist künstliche Intelligenz eine Bedrohung für die Menschheit? Welche Anforderungen stellen wir an Algorithmen, die unser Leben beeinflussen? Wollen wir unsere Regeln und deren Durchsetzung automatisieren? In welchen Zusammenhängen brauchen wir eine Möglichkeit, die Regeln zu brechen?" (Otto/Graf 2018, 7)

Dieser Fragenkatalog macht deutlich: Es geht um Normen, die das digitalisierte Leben regeln. Doch Normen sind immer auch Grenzziehungen, die festlegen, welches Handeln gut, richtig und gerecht ist – und welches nicht. Diese Festlegung von sittlichen Grenzen kann so als eine Antwort auf die Frage verstanden werden, wie eine digitalisierte Gesellschaft aussehen soll.

Der Hinweis auf Normen macht auf die grundsätzliche Ethizität der Digitalisierung, also die Offenheit für ethische Fragen, aufmerksam. Was aber ist nun genau an der Suche nach solchen durch Normen vollzogenen Grenzziehungen ethisch? Ethik ist als Teilbereich der Philosophie und der Theologie eine wissenschaftliche Disziplin, die „zu begründeten Handlungs- und Lebensformen anleiten" (Fenner 2008, 7) möchte. Allerdings betrifft das sowohl die Reflexion auf das individuelle Handeln wie auf gesellschaftliche Strukturen und Institutionen. Ethik kommt überall da ins Spiel, wo auf Modalverben zurückgegriffen wird oder werden kann. Denn Modalverben formulieren Notwendigkeiten oder Möglichkeiten, die mit Handlungsverpflichtungen einhergehen. Im Deutschen sind das die Verben *dürfen, können, mögen, müssen, sollen* und *wollen*. Wenn also gefragt wird, wie wir denn mit Digitalisierung umgehen *sollen*, dann handelt es sich im Letzten um eine ethische Problematik, auf die normativ, mit Regeln, geantwortet werden kann.

Damit kann ganz knapp zusammengefasst werden: Auch die Digitalisierung zwingt, wie viele andere Lebensbereiche, dazu, Fragen nach sollen und wollen, nach richtig und falsch, nach gut und gerecht zu stellen. Hier kommt die Ethik ins Spiel, die auf diese Fragen mithilfe von Normen Lösungen für die jeweiligen Probleme anbietet bzw. diese sucht. Ethik kann so als Teil des politisch-gesellschaftlichen Ringens um den Umgang mit der Digitalisierung Grenzziehungen anbieten, zwischen dem, was sein soll, und dem, was nicht sein soll.

Kurz: Ethik zieht Grenzen. Doch was verbirgt sich hinter diesem Terminus der Grenze? Grenze in einem engen Sinne, so der Kulturgeograph Marc Redepenning, benennt einen politischen, territorialen Aspekt. Doch Grenzen helfen darüber hinaus

> „soziale Sachverhalte zu regeln, und zwar in der Form, wer wo was tun und nicht tun kann. Sie haben die Funktion, soziale Phänomene (und damit die Interaktion und Kommunikation zwischen Personen) zu ordnen und handhabbar zu machen." (Redepenning 2018, 142)

Einen „weiten Grenzbegriff" nennt Redepenning diese Bestimmung. Dabei fokussiert er sich auf den Menschen und seine sozialen Interaktionen.

Digitalisierung, nur auf den Menschen bezogen, entgrenzt in diesem Sinne in zweierlei Hinsicht. Zum einen auf der Mikroebene, indem sie dabei hilft, immer genauer und detaillierter individuelles menschliches Leben zu erfassen, zu analysieren und zu bewerten. Zudem ermöglicht die Digitalisierung, dass das individuelle Denken, Handeln und Sagen weltweit geteilt wird. Mehr noch: Dass Menschen überall auf dem Globus mit allem überall – zumindest theoretisch – verbunden sind oder sein können. Zum anderen zeigt sich dieses auf der Makroebene, auf der soziales Agieren von Individuen, Gesellschaften, Staaten oder Staatenverbünden unauflösbar miteinander verbunden wird.

Zur Mikroebene. Die Prozesse auf dieser Ebene hat der Soziologe Christoph Kucklick mit dem Topos „Granularität" (Kucklick 2016, 10) begrifflich gefasst. Granularität beschreibt das Maß der Körnung, der Auflösung. Auf die Gesellschaft bezogen übersetzt das Kucklick so:

„Wir selbst und unsere Gesellschaft werden auf eine neue Weise vermessen. Unsere Körper, unsere sozialen Beziehungen, die Natur, unsere Politik, unsere Wirtschaft – alles wird feinteiliger, höher auflösend, durchdringender erfasst, analysiert und bewertet denn je. Wir erleben: eine Neue Auflösung." (Kucklick 2016, 10)

Diese durch die Digitalisierung erhöhte Auflösung zeigt sich in vielen Lebensbereichen: Krankheiten werden digital immer genauer vermessen, Interessen und Konsumwünsche durch Algorithmen immer präziser bestimmt, Standorte detaillierter ausgemacht, Entwicklungen etwa im Lebenslauf feiner erfasst.

Zur Makroebene. Hier zeigt die 2020 grassierende Pandemie des Coronavirus SARS-CoV-2 und die aus dem Virus resultierende Lungenkrankheit Covid-19 nicht nur, wie vernetzt die Welt ist. Sondern sie führt eindringlich vor Augen, dass diese Vernetzung nur auf der Basis von Digitalisierung überhaupt erst möglich ist. Touristen, die die Viren weiterverbreiten, buchten online ihre Unterkunft, Informationen wurden digital distribuiert, aufgrund der Pandemie absinkende Börsenkurse konnten nur mit Hilfe leistungsstarker Rechner bewältigt werden, Forscher tauschten sich in Videokonferenzen aus, Handydaten sollten zum Tracking Infizierter genutzt werden. Die hier beispielhaft aufgeführten Entwicklungen lassen Digitalisierung als Entgrenzungsphänomen deuten. Sie ermöglicht eine weltweit datenvernetzte Welt, in der praktisch jeder Lebensbereich Teil eines globalen Datenstroms ist.

Die Ethik steht sowohl hinsichtlich der Mikroebene wie der Makroebene vor dem Problem, dass die einzelnen moralischen Probleme und Konflikte zugleich spezieller und zugleich individueller werden. Große Lösungen, allgemeine Regeln schaffen immer neue Fragen nach Ausnahmen, dem Umgang mit kleineren oder größeren Abweichungen und den Unvergleichbarkeiten individueller und sozialer Lagen. So finden sich etwa im Diskurs über das viral gegangene Bild des toten Alan Kurdi ganz konträre Positionen wieder: So hieß es einerseits, das Bild solle gezeigt werden, um das „historische Versagen unserer Zivilisation" zu dokumentieren, weil es das „Symbol einer humanitären Katastrophe" geworden sei, andererseits bearbeiteten manche Medien das Foto, indem sie es verpixelten oder die Konturen des Kindes weiß einfärbten (alle Zitate in: Schicha 2019, 143-144). Letztlich geht also mit der digitalisierten Entgrenzung auch eine moralische Entgrenzung einher.

Besichtigen lässt sich dies im gesellschaftlichen Kontext. Vor allem mit rechtlichen und politischen Mitteln versuchen Staaten und Gesellschaften die Digitalisierung zu regeln und so zu zähmen (vgl. Branahl 2010, 9-11; Branahl 2019).

2) Kontext: Entgrenzung als Signatur der Moderne

Die Digitalisierung als Entgrenzungsphänomen ist kein singuläres Ereignis. Sie steht im Kontext der grundsätzlichen Umwälzung, die der neuzeitliche Entwicklungsprozess mit dem Begriff der Moderne gefasst hat (Anzenbacher 1998, 41). Dieser Prozess bewirkte eine signifikante Prägung, Strukturierung und Ausdifferenzierung des Individuellen und Sozialen in all seinen Dimensionen. Als zentrale Kennzeichen der Moderne lassen sich die Herauslösung des Menschen aus einer Welt verstehen, in der stabile Beziehungen, verlässliche Institutionen und haltbare Gemeinschaften die Regel waren, sowie die Normativität des Wandels, in der die einzige Konstante im Leben die Veränderung ist (Niederberger 2011, 26).

Herausgelöst wird der Mensch aus dauerhaften Beziehungen und Lebenszusammenhängen. An ihre Stelle treten befristete Verhältnisse. Sie betreffen Beruf („Generation Praktikum"), Wohnort („moderne Nomaden") oder Partnerschaft („Lebensabschnittspartner*in"). Dieser Herauslösungsprozess betrifft auch Regeln, Üblichkeiten und Konventionen des Zusammenlebens. Konzepte wie Wertewandel oder Sinn- und Glaubensverlust markieren diesen Aspekt. Diese Veränderungen bringt der französische Soziologe Marc Augé auf den Punkt: Mit seiner Rede von den *Nicht-Orten* (Augé 2012) beschreibt er, dass sich das Leben der Menschen wie der Gesellschaften zunehmend in Transiträumen und Durchgangsstationen vollzieht. Kurz: In »Nicht-Orten«, in unbehausten und heimatlosen Verhältnissen.

Wie relevant diese Herauslösung für ethische Fragen ist, zeigt sich schon begrifflich. Etymologisch kommt die Ethik vom griechischen *ethos*, das die Sitte, den Charakter, die gewohnte Umgebung kennzeichnet. Gerade dieser gewohnte Raum des Lebens und Handelns verflüchtigt sich in der Moderne. Individuen und Gesellschaften müssen sich deshalb in modernen Zeiten mit enormer Anstrengung immer wieder neu vergewissern, was gilt und was richtig und gut ist. Es gibt keine Üblichkeiten mehr, die einem diese anstrengende Arbeit abnehmen und das Orientierungsdefizit des Menschen in sittlichen Fragen kompensieren.

Ethisch lässt sich die Lage wie folgt beschreiben: Herauslösung, Unbehaustheit und die Normativität des Wandels geben sich einerseits in einem Normdefizit und andererseits in einem Akzeptanzüberschuss zu erkennen.

Normdefizit heißt, dass es nur noch wenige übergreifende Normen in der Gesellschaft gibt. Zwar gibt es Grundprinzipien, die etwa in der Verfassung festgeschrieben sind. Zwar gibt es seine Vielzahl von Üblichkeiten, von „man tut dies oder das". Aber universale, übergreifende Normen in der Gesellschaft sind Mangelware. In Bezug auf die Digitalisierung heißt das etwa: Für die Kommunikation im Netz gibt es nicht eine, sondern viele Arten und Weisen.

Akzeptanzüberschuss meint, dass die Gesellschaft im hohen Maße fast alle Handlungen akzeptiert und nicht (mehr) sanktioniert. Nur wenige, unverzichtbare Handlungsmaßstäbe werden aufrechterhalten. Zu besichtigen ist dies auch bei *social media*. Plattformen wie Facebook, Instagram, TikTok oder andere lassen so gut wie alles zu – Einschränkungen wie etwa eine ‚Zensur' bei Nacktdarstellungen ausgenommen.

Das entgrenzende Moment der Digitalisierung gehört in diesen Kontext hinein. Nicht die Digitalisierung geht mit einer Entgrenzung einher, sondern die Prozesse der Entgrenzungen innerhalb der Moderne lassen sich auch und in erhöhtem Maße bei der Digitalisierung ausmachen.

3) Entgrenzung: Zwischen Einschränkung und Freiheit

Die Digitalisierung geht in vielerlei Hinsicht für viele Menschen mit einer enormen Freiheitserfahrung einher. Es ist möglich, von zu Hause aus Waren, Dienstleistungen oder Zugreisen zu bestellen, am Tablet die ganze Welt in die eigenen vier Wände zu holen, unbegrenzten Zugang zu Informationen zu haben, den eigenen Arbeitsplatz frei zu wählen, per Video mit Freunden auf der anderen Seite des Globus zu kommunizieren, Orte auf der Karte anzusehen, zu denen man vielleicht einmal reisen will.

Dieser erste Zugang macht deutlich: Die Digitalisierung macht frei von Zwängen und ermöglicht neue Freiheitsspielräume. Kurz: Sie entgrenzt menschliches Leben. Allerdings trägt ein systematischer Blick auf den Grenzdiskurs an diese Vorstellung Fragen heran. Sicher: Grenzen markieren sowohl lebensweltlich wie denkerisch eine Beschränkung von Freiheit. Freiheit ist in diesem Sinne immer mit der Möglichkeit der Grenzüberschreitung verbunden. Mehr noch: An Grenzen stößt nur der, der darüber hinausdenken, hinaushandeln, hinausplanen kann, der Mensch, der sich etwas jenseits einer bestimmten Begrenzung vorstellen kann. Von Grenzerfahrung kann somit nur sinnvoll im Modus freiheitlichen Denkens und Erlebens gesprochen werden.

Doch kommt damit der Grenzdiskurs nicht an sein Ende. Denn paradoxerweise geht jede Grenzüberschreitung mit einer neuen Grenze einher. Jenseits der Grenze winkt nicht das Unbegrenzte, sondern stets nur das Neu- oder Anders-Begrenzte. Grenze und Entgrenzung sind dialektisch aufeinander bezogen. Diese Dialektik erfahren beispielsweise Jugendliche, die sich frei im Netz bewegen wollen, aber darin begrenzt werden: Durch den Jugendschutz, ihre beschränkten finanziellen Mittel, ihre manchmal nur rudimentären technischen Kenntnisse, die AGBs von Apps und Stores, das eigene Können und so weiter. Sollte dann eines der Hindernisse überwunden werden, so tun sich unweigerlich neue Begrenzungen auf.

Grenzüberschreitung und neue Grenzziehung sind somit zwei Seiten der gleichen Medaille. Sie sind handlungsleitend, mithin vor allem ethisch relevant. So ließe sich auch formulieren: Moral sorgt für Grenzziehungen etwa bei Regeln im Umgang von Menschen im Netz, wie auch Moral selbst an der Grenze steht, zum Beispiel durch Sanktionen bei unerlaubten Grenzüberschreitungen etwa hinsichtlich von Datenspeicherung. Schließlich ,blickt' Moral auch über Grenzen, wo Handlungen und Entwicklungen kategorisch ausgeschlossen werden.

So etwa, wenn bestimmte KI-Anwendungen in militärischen Zusammenhängen nicht eingesetzt werden sollen (vgl. Welchering 2019).

Einer Abschaffung der Grenze das Wort zu reden wäre damit lebensweltlich blind und analytisch problematisch. Phänomenologisch lässt sich festhalten, dass Menschen Grenzen brauchen. Denn erst diesseits der ‚sicheren' Zonen des Handelns und Lebens, erst im Bewusstsein, dass es bestimmte moralische, politische und soziale Grenzen gibt, ist freiheitliches Handeln denkbar, ist Leben möglich. Das macht etwa die *Hate Speech* (Vgl. Brodnig 2016; Kang et al. 2020; Medienpädagogischer Forschungsverbund Südwest 2016, Wegner et al. 2020) im Netz deutlich: Gibt es keine anerkannten Grenzen für die sogenannte Hassrede, ist ein Übergriff jederzeit möglich. Und wie schwer das Leben, das von Hate Speech betroffen ist, zu stemmen ist, davon berichten unzählige Opfer.

Deutlich wird: Die Digitalisierung kennt bei aller Freiheitsermöglichung auch Limits, kennt Begrenzungen. In doppelter Hinsicht. Zum einen ist, wie die Beispiele oben zeigen, die Digitalisierung selbst ein Prozess, der von Grenzziehungen begleitet ist. Zum anderen ist aber auch die Digitalisierung selbst begrenzt. Das fängt schon bei der technischen Seite an: Wenn Schulen, die online arbeiten wollen, keine ausreichende Ausstattung besitzen, wenn der Breitbandausbau lahmt, wenn keine Fachkräfte für den Ausbau des IT-Sektors zu finden sind. Zudem ist auch die Zugänglichkeit eine nicht zu unterschätzende Grenze. Obwohl das Netz allgegenwärtig erscheint, hatte Ende 2018 nur die Hälfte der Menschheit Zugang zum Internet (Broadband Commission for Sustainable Development 2018). Und mitten in der Coronapandemie 2020 zeigt sich, dass auch in Deutschland etwa eine Vielzahl von Kindern über keine Möglichkeit verfügt, an einem digitalen Unterricht vollumfänglich teilzunehmen.

4) Radikalität: Entgrenzung jenseits des Menschen

Bei genauer Betrachtung zeigt sich, dass allerdings auch der weite Grenzbegriff im Kontext der Digitalisierung nicht ausreicht. Denn die Digitalisierung ist – auch – ein Prozess, der sich jenseits des Menschen und seines Sozialverhaltens abspielt. Digitalisierung schließt nämlich ein, dass Maschinen miteinander ‚interagieren'. Der Begriff des *Internets der Dinge* bringt dies auf den Punkt:

> „Im Internet der Dinge werden Objekte intelligent und können über das Internet untereinander Informationen austauschen. Die virtuelle Welt wird mit der realen Welt vereint. Grundlage dafür ist die Entwicklung der RFID-Technologie, durch die Waren und Geräte nicht nur eine eigene Identität in Form eines Codes erhalten, sondern auch Zustände erfassen und Aktionen ausführen können." (Fraunhofer-Institut für Materialfluss und Logistik IML)

Vor diesem Hintergrund lässt sich die Digitalisierung analytisch selbst als Prozess einer Entgrenzung verstehen. Hier liegt sozusagen ein Hyperbegriff der Grenze vor. Was als Grenze erscheint, trägt selbst den Modus der Entgrenzung in sich. Die zu erwartenden Entwicklungen skizziert Remi Stork:

> „Auch komplexe – bisher als originär menschlich erachtete – Tätigkeiten wie Sprechen, Schreiben, sogar Einfühlen und Fürsorgen werden die nächsten oder übernächsten Maschinengenerationen teilweise besser können als wir Menschen." (Stork o.J., 4)

Vor diesem Hintergrund wandelt sich der noch vorherrschende Eindruck, Computer ließen sich bedienen, steuern, programmieren. Denn die Qualität der Programmierung und der Algorithmen wie auch die Qualität maschineller ‚Intelligenz' macht den Menschen zunehmend überflüssig. Maschinen kommunizieren untereinander und bedürfen des Menschen nicht.

Beispielhaft zeigt sich die Bedeutung der vom Menschen entgrenzten Digitalisierung in der Diskussion über das autonome Fahren. In einer nichtrepräsentativen Studie (Awad et al. 2018), an der sich Millionen Menschen in verschiedensten Ländern beteiligten, spielten Forscher anhand des Onlinespiels *Moral Machine* (http://moralmachine. mit.edu/hl/de) zentrale Fragen durch: Wie soll sich ein Auto verhalten, wenn ein Unfall nicht mehr zu verhindern ist? Geradeaus weiterfahren und etwa ein älteres Ehepaar überfahren oder die Spur wechseln, und dabei eine Mutter mit Kinderwagen töten? Soll eher eine Sportlerin oder besser zwei Obdachlose einem Unfall zum Opfer fallen? So wesentlich diese Fragen sind, die zentrale ethische Problematik besteht nicht in der Lösung solcher dilemmatischer Situationen. Sie gehören zum Handwerkszeug philosophischer und theologischer Ethikdebatten. Doch während es in den traditionellen Diskursen um Handlungen des Menschen geht, zeigt die Auseinandersetzung um vernetztes Fahren oder autonome Systeme, dass hier gar kein Handlungsakteur mehr zu benennen, geschweige denn zur Rechenschaft zu ziehen ist. Die eigentliche ethische Problematik besteht damit darin: Wie sollen Einsen und Nullen, Algorithmen und Programme Gegenstand moralischer Betrachtung sein?

Noch schärfer stellt sich diese Situation, durch die zunehmende Vernetzung von Mensch und Maschine. Zwar herrscht weitenteils die Vorstellung vor, man würde Computer oder Smartphone anstellen und dann online gehen. Doch in der digitalen Realität täuscht dieser Eindruck. Denn die Informations- und Kommunikationstechnologien, das macht etwa der Philosoph Luciano Floridi deutlich, sind schon lange keine Werkzeuge mehr zur Interaktion mit der Welt und mit anderen Menschen. Die Trennung zwischen „online" und „offline" schwindet, Geräte, auch die, die Menschen permanent bei sich tragen, interagieren im digitalen Netz unabhängig vom Nutzer. Aus den Informations- und Kommunikationstechnologien sind so

> „umweltgestaltende, anthropologische, soziale und interpretative Kräfte geworden. Sie schaffen und prägen unsere geistige und materielle Wirklichkeit, verändern unser Selbstverständnis, modifizieren, wie wir miteinander in Beziehung treten und uns auf uns selbst beziehen, und sie bringen unsere Weltdeutung auf einen neuen, besseren Stand, und all das tun sie ebenso tief greifend wie umfassend und unablässig." (Floridi 2015, 7)

Letztlich müssen wir damit einen Entgrenzungsprozess konstatieren, der sich in der Digitalisierung jenseits des Menschen und im Letzten ohne sein Einwirken vollzieht, der zugleich aber enorme Rückwirkungen auf den Menschen besitzt. Beispielhaft zeigt sich dies an der Nutzung der entwickelten »Corona-DatenspendeApp« auf dem Höhepunkt der Covid-19-Pandemie im Frühjahr 2020 (vgl. https://play.google.com/store/apps/details?id=de.rki.coronadatenspende&hl=de). Zwar wird diese App von Userinnen und Usern installiert. Ab da aber agiert diese App unabhängig von den Menschen, die es einst heruntergeladen haben. Automatisiert werden Daten an Server geschickt und dort verarbeitet. Der Mensch verschwindet sozusagen aus dem Horizont des technischen Geschehens.

5) Konsequenzen: Die Übergriffigkeit der Digitalisierung

Vom französischen Historiker Fernand Braudel wird die Rede vom „Inventar des Möglichen" (Kucklick 2016, 10) überliefert. Die Digitalisierung und die damit einhergehenden technologischen Trends erweitern dieses Inventar in bisher unbekannter Art und Weise. Mehr und mehr scheint auch das bisher Unmögliche die Handlungsspielräume des Menschen bzw. seiner Technik zu erweitern. In ethischer Hinsicht wesentlich ist dabei die Erkenntnis, dass diese (Un)Möglichkeiten nicht prima facie zu erkennen geben, zu welchen Zwecken sie benutzt werden, wem sie zugutekommen, wen sie abhängen und für wen sie eingesetzt werden.

Paradigmatisch zeigt sich diese moralische Problematik an der (durch)digitalisierten Arbeitswelt. Von *Arbeit 4.0* (vgl. https://www.bmas.de/ DE/Themen/Arbeitsmarkt/Arbeiten-vier-null/arbeiten-vier-null.html) ist die Rede. Aufgenommen wird damit die Rede von der vierten industriellen Revolution, die auch als *Industrie 4.0* (vgl. Bundesministerium für Bildung und Forschung (BMBF) 2017) bezeichnet wird. Gemeint ist damit die umfassende Digitalisierung der industriellen Produktion, in der internetbasierte intelligente und digital vernetzte Systeme sowie digitale Assistenzsysteme eine zentrale Rolle übernehmen. Abgelöst werden damit die ersten drei industriellen Revolutionen: der Beginn der Mechanisierung Mitte des 18. Jahrhunderts, die Ermöglichung der Massenproduktion von Gütern durch elektrischen Strom und Fließbandarbeit Ende des 19. Jahrhunderts, sowie die hochgradige Automatisierung industrieller Produktion durch eine fortgeschrittene Elektronik ausgangs des 20. Jahrhunderts.

Mit *Arbeit 4.0* wird der Blick auf Veränderungen in Arbeitsformen und Arbeitsverhältnissen im digitalen Zeitalter gelenkt, die alle Bereiche des Arbeitens – auch jenseits des industriellen Sektors – umfassen. Dazu gehören etwa der Bildungsbereich, der Kulturbereich und die breite Palette der Dienstleistungen. In diesem Zusammenhang spricht der Soziologe Hartmut Hirsch-Kreinsen von einer „Entgrenzung von Arbeit in zeitlicher, organisatorischer und räumlicher Hinsicht." (Hirsch-Kreinsen 2016, 12) Gemeint ist damit, dass es

„Zugangsmöglichkeiten zu Daten und Informationen und den damit verbundenen Ressourcen und Hilfsmitteln sowie bislang nicht gekannte Kommunikations- und Vernetzungsmöglichkeiten für die an Wertschöpfungsprozessen Beteiligten [gibt]." (Hirsch-Kreinsen 2016, 13)

Arbeit 4.0 heißt allerdings nicht nur, dass das Arbeiten anders, vernetzter, digitaler oder flexibler sein wird. Es zeigt sich auch vermehrt, dass Arbeit prekärer und übergriffiger wird. In der Coronakrise 2020 zeigt sich dieser Entgrenzungsprozess deutlich. Viele Arbeitgeber standen bis dato den Möglichkeiten von Home-Office skeptisch gegenüber, Digitalisierungsprozesse in Bildungseinrichtungen kamen nur schleppend voran. Doch durch den gesellschaftlichen *Lockdown* gezwungen mussten nun auch in vielen, bisher mit der IT fremdelnden Berufen, Möglichkeiten gesucht werden, Arbeit ins Private zu verlagern. Mit weitreichenden Folgen. Was bisher nur als Vision thematisiert wurde, wurde im Frühjahr 2020 plötzlich Wirklichkeit. Doch wenn Lehrer von zu Hause aus per Skype unterrichten, wenn Softwareentwickler*innen, Sachbearbeiter*innen, Redakteur*innen oder Professor*innen zur Heimarbeit gezwungen werden, dann hat dies auch Folgen für das alltägliche Leben. Die – noch – weitenteils vorherrschende Trennung von Privatleben und öffentlichem bzw. beruflichem Leben verschiebt sich. Mehr noch: Die Arbeitswelt vieler Menschen verändert sich weit über einen bloßen Wandel der Produktionsweise hinaus. Bisher kamen unter dem Label *Arbeit 4.0* vor allem die „wachsende Vernetzung und zunehmende Kooperation von Mensch und Maschine" (SWR Wirtschaftsredaktion 2020) in den Blick sowie die Einsicht, dass durch „den kulturellen und gesellschaftlichen Wandel […] neue Ansprüche an Arbeit" (ebd.) entstehen. Nun aber zeigt sich deutlich, dass die Digitalisierung auch dazu führt, dass Arbeit selbst entgrenzt wird. Sie wird umfassend auch in das private Leben von Menschen verlegt und dort umfassend wahrgenommen (siehe APuZ 2016). Sich von der Arbeit zu distanzieren, Grenzen zu ziehen zwischen Arbeitswelt und privatem Agieren wird zunehmend verunmöglicht.

Dadurch ergibt sich eine Vielzahl von ethischen Fragen: Welche Konsequenzen hat die zunehmende Entgrenzung der Arbeitsleistung für das Leben in eigentlich privaten Kontexten? Ist es etwa richtig, dass Kinder dauerhaft mit arbeitenden Erziehungspersonen konfrontiert sind, die auch in ihrer ‚Privatzeit' dauernd erreichbar sind? Wie sieht eine Work-Life-Balance im Home-Office aus? Verstärkt die Digitalisierung der Arbeit nicht letztlich auch die zunehmende Vereinzelung des individuellen Lebens? Ohne diesen Fragen im Einzelnen nachzugehen, zeigt sich hier exemplarisch, dass es zu einem „Aufweichen der Grenzen zwischen Berufs- und Arbeitswelt" (Busch-Heizmann et al. 2018, 8) kommt, die das Moment der Entgrenzung auf der Basis von Digitalisierungsprozessen plastisch abbilden.

6) Ausblick: Grenzen der Entgrenzung

Ethik, so hat es der Tübinger Philosoph Hans Krämer formuliert, ist eine Disziplin, der es im Kern um das Verhältnis von Grenzen geht. „Die Ethik", so Krämer, „geht entweder gegen ein Zuviel oder ein Zuwenig an Hemmung an." (Krämer 1992, 243) Der Begriff der Hemmung entspricht dabei dem hier vorgestellten Begriff der Begrenzung. Denn damit Menschen, so fasst es Krämer, nicht ständig neu ihr Leben ausrichten müssen, dauernden Veränderungen ausgesetzt sind, stets jede Lage aufs Neue bewerten müssen, werden gesellschaftlich Normen aufgestellt, die das gemeinsame und individuelle Leben regeln, stabilisieren und vorhersagbar machen. Diese Kompensationsfunktion der Normen wirkt über Hemmung und Begrenzung. Willkürlichem Verhalten wird ein Riegel vorgeschoben, gemeinsames Leben in bekannte Bahnen gelenkt (Stegmaier 1995, 22). Die Aufgabe der Ethik ist es, den Menschen so zu hemmen, „daß er mit seinen Mitmenschen auf eine für alle annehmbare Weise zusammenleben kann." (Ebd.)

Dieser hemmenden Funktion der Ethik muss eine „Enthemmungsethik" (Krämer 1992, 243) gegenübergestellt werden. Ihr obliegt es dafür zu sorgen, dass eben das ganze Leben nicht durchweg gehemmt wird, sondern auch noch Raum für individuelle Entfaltung, für Neugier, für gesellschaftliche und technologische Erneuerung und Veränderung bleibt. Damit kommt der Ethik eine doppelte Aufgabe zu, die in Zeiten der Digitalisierung wesentlich ist: Ethik muss so verfasst sein, dass sie

„nicht nur für die Bindung der Individuen durch das Allgemeine, sondern auch für die Freiheit der Individuen gegen alle Bindungen durch das Allgemeine Sorge tragen kann." (Stegmaier 1995, 23)

Grenzen bestimmen und vorgeben wie auch entgrenzend zu wirken und falsch gezogene Grenzen zu kritisieren – beides gehört zur Ethik.

Die Digitalisierung der Welt ist, wie die Ethik auch, durch diesen doppelten Prozess der Entgrenzung und Grenzziehung ausgezeichnet. Von daher könnte ein modernisierter Begriff der *Grenzmoral* (Schöllgen 1946; Briefs 1980) ein wichtiges Instrument in der ethischen Bewertung der Digitalisierung sein. Der Sozialethiker Goetz Briefs fasst mit diesem Begriff ein gerade noch tolerierbares Verhalten, das die bestehenden Normen zwar noch unterschreitet, aber diese doch bis zur Grenze ausreizt (Briefs 1980, 51). Noch heute ist das zu besichtigen, wenn Individuen oder Institutionen Gesetze, Normen oder Konvention bis zum Äußersten für ihre Zwecke strapazieren. Damit richtet sich der Blick auf die unterste Schwelle von einem gerade noch hinnehmbaren moralischen Verhalten.

In der um sich greifenden Digitalisierung scheint dieses Verhalten wieder eine wesentliche Rolle zu spielen. Denn die Digitalisierung hält neue Ungerechtigkeiten, hält (Selbst)ausbeutung und ökonomische Ungleichheit, hält Ausdeutung des Menschen und die Entgrenzung von privat und öffentlich bereit. Hier wird es aus ethischer Sicht eine andauernde Aufgabe aller gesellschaftlichen Akteure sein, Grenzen zu ziehen und somit die zentrale ethische Frage zu beantworten: Was wollen wir? Beantwortet werden kann diese Frage allerdings nur, solange Menschen eben noch die Möglichkeit besitzen, steuernd in die Prozesse des Digitalen einzugreifen – und nicht schon ihre eigenen Einflussmöglichkeiten unumkehrbar begrenzt haben.

Literatur

Anzenbacher, Arno: Christliche Sozialethik. Einführung und Prinzipien, Paderborn u.a. 1998.

APuZ 66 (18-19/2016) »Arbeit und Digitalisierung«.

Augé, Marc: Nicht-Orte, München ³2012.

Awad, Edmond et al.: The Moral Machine experiment, in: Nature 563, 59–64 (2018); https://doi.org/10.1038/s41586-018-0637-6.

BILDblog: Ist es in Ordnung, das tote Flüchtlingskind zu zeigen? (03.09.2015); https://bildblog.de/69468/ist-es-in-ordnung-das-tote-fluechtlingskind-zu-zeigen/.

Branahl, Udo: Medienrecht. Eine Einführung, Wiesbaden [8]2019.

Branahl, Udo: Was Medien dürfen: Grundlagen und Grenzen der Medienfreiheit, in: Bundeszentrale für politische Bildung/bpb (Hg.): Informationen zur politischen Bildung 309 (2010) 9-11.

Briefs, Götz: Zum Problem der ‚Grenzmoral', in: ders.: Ausgewählte Schriften. Erster Band: Mensch und Gesellschaft, hg. von Heinrich Baslius Streithoven und Rüdiger von Voss, Berlin 1980, 51-61.

Broadband Commission for Sustainable Development (Ed.): The State of Broadband 2018: Broadband catalyzing sustainable development (09.2018); http://handle.itu.int/11.1002/pub/810d0472-en.

Brodnig, Ingrid: Hass im Netz. Was wir gegen Hetze, Mobbing und Lügen tun können. Wien 2016.

Bundesministerium für Arbeit und Soziales; https://www.bmas.de/DE/Themen/Arbeitsmarkt/Arbeiten-vier-null/arbeiten-vier-null.html.

Bundesministerium für Bildung und Forschung (BMBF) (Hg.): Industrie 4.0. Innovationen für die Produktion von morgen, Berlin 2017; https://www.bmbf.de/de/zukunftsprojekt-industrie-4-0-848.html.

Busch-Heizmann, Anne/ Entgelmeier, Ines/ Rinke, Timothy: Digitalisierung und Entgrenzung. Welche personenbezogenen Merkmale beeinflussen die Gestaltung von Berufs- und Privatleben unter dem erwerbsbezogenen Einsatz von IuK-Technologien und wie lassen sich die Zusammenhänge überprüfen? Working Paper Forschungsförderung der Hans Böckler Stiftung Nr.092/09.2018; https://www.boeckler.de/pdf/p_fofoe_WP_092_2018.pdf.

Fenner, Dagmar: Ethik. Wie soll ich handeln?, Tübingen/Basel 2008, 7.

Floridi, Luciano: Die 4. Revolution. Wie die Infosphäre unser Leben verändert, Frankfurt a.M. 2015.

Fraunhofer-Institut für Materialfluss und Logistik IML; https://www.internet-der-dinge.de/de/potenziale/faq-zum-internet-der-dinge.html.

Hirsch-Kreinsen, Hartmut: Zum Verhältnis von Arbeit und Technik bei Industrie 4.0, in: APuZ 66 (18-19/2016) 10-17.

http://moralmachine.mit.edu/hl/de.

https://play.google.com/store/apps/details?id=de.rki.coronadaten
spende&hl=de.

Kang, Myungkoo/ Rivé-Lasan, Marie-Orange et al. (Ed.): Hate Speech
in Asia and Europe: Beyond Hate and Fear, New York u.a. 2020.

Krämer, Hans: Integrative Ethik, Frankfurt a.M. 1992.

Kucklick, Christoph: Die granulare Gesellschaft. Wie das Digitale unsere Wirklichkeit auflöst, Berlin 2016.

Lenette, Caroline/ Miskovic, Natasa: 'Some viewers may find the fol-
lowing images disturbing': Visual representations of refugee deaths
at border crossings, in: Crime Media Culture 2018, Vol. 14(1) 111-
120; https://doi.org/10.1177/1741659016672716.

Lobinger, Katharina/ Brantner, Cornelia/ Schwender, Clemens: zeigen |
andeuten | verstecken – Visuelle Kommunikation zwischen Ethik
und Provokation, in: SRH Hochschule der populären Künste (hdpk)
(Hg.): zeigen | andeuten | verstecken – Visuelle Kommunikation
zwischen Ethik und Provokation. Tagung der DGPuK-Fachgruppe
Visuelle Kommunikation in Kooperation mit Freiwillige Selbstkon-
trolle Fernsehen e.V. an der SRH Hochschule der populären Künste (hdpk) (07.-09.12.2017), 4-7; https://www.hdpk.de/fileadmin/
user_upload/tagungsbroschuere-Bildethik2017.pdf.

Medienpädagogischer Forschungsverbund Südwest (Hrsg.): JIM-Studie
2016, Stuttgart 2016.

Niederberger, Lukas: Ja oder Nein, in: Publik-Forum Nr. 15 (12.08.2011)
26.

o.A.: Formen von Hate Speech; https://www.klicksafe.de/themen/prob-
lematische-inhalte/hate-speech/formen-von-hate-speech/.

Otto, Phillip/ Graf, Eike (Hg.): 3TH1CS. Die Ethik des digitalen Zeitalters, Berlin [2]2018.

Otto, Phillip/ Graf, Eike: Die Neuerfindung der Ethik ist unsere Aufgabe!, in: Dies. (Hg.): 3TH1CS. Die Ethik des digitalen Zeitalters, Berlin [2]2018, 6-9.

Redepenning, Marc: Grenzziehungen und Grenzen – ein sozialgeogra-
phischer Blick, in: Kuhn, Barbara/ Winter, Ursula (Hgg.): Grenzen.
Annäherungen an einen transdisziplinären Gegenstand, Würzburg
2018, 141-166, 142.

Schicha, Christian: Medienethik. Grundlagen – Anwendungen – Ressourcen, München 2019.

Schöllgen, Werner: Grenzmoral. Soziale Krisis und neuer Aufbau, Düsseldorf 1946.

Stegmaier, Werner: Ethik als Hemmung und Befreiung, in: Endress, Martin (Hg.): Zur Grundlegung einer integrativen Ethik. Für Hans Krämer, Frankfurt a.M. 1995, 19-39.

Stork, Remi: Einleitung, in: Evangelische Arbeitsgemeinschaft Familie NRW (Hg.): leben – lieben – liken. Familie und Digitalisierung, Düsseldorf o.J., 4-5.

SWR Wirtschaftsredaktion: Corona-Chroniken: Arbeitsalltag in der Krise; https://www.swrfernsehen.de/marktcheck/corona-podcast-100.html.

Wegner, Juliane/ Prommer, Elizabeth (u.a.): Integration oder Desintegration durch Angriffe auf Autor*innen aus dem Netz: Das freie Wort unter Druck? in: Gehrau, Volker u.a. (Hg): Integration durch Kommunikation: Jahrbuch der Publizistik- und Kommunikationswissenschaft 2019, Münster 2020, 89-98, https://doi.org/10.21241/ssoar.66879.

Welchering, Peter: KI-Systeme im Militär, in: DLF (26.09.2019); https://www.deutschlandfunk.de/autonome-waffen-ki-systeme-im-militaer.676.de.html?dram:article_id=459749.

Zwischenruf:
Ent-fremdung –
Zur Psychodynamik des entfremdeten Menschen
Hans-Joachim Maaz

Das Forschungs-Ensemble aus Entwicklungspsychologie, Bindungsforschung, Säuglings- und Kleinkindforschung sowie Hirnforschung hat die zentrale Bedeutung der frühen Kindheit des Menschen in den Mittelpunkt der Persönlichkeitsentwicklung gerückt und das Beziehungs-Paradigma gegen eine vorherrschende Erziehungspraxis überzeugend wissenschaftlich gesichert. Erziehung, als ein einseitiges Machtverhältnis, dass ein Subjekt (die Eltern, Erzieher) über ein Objekt (das Kind) bestimmen müsste, ist als wesentliche Entfremdung des Menschen erkannt und verstanden worden. Dagegen wird heute das Eltern-Kind-Verhältnis als eine Subjekt-Subjekt-Beziehung wechselseitiger Beeinflussung verstanden. Damit ist die Qualität der ersten Beziehungserfahrungen des Kindes in den Mittelpunkt der Forschung und Erkenntnis gerückt. Die ersten Beziehungserfahrungen des Kindes beginnen in der Schwangerschaft, erfahren mit der Qualität der Geburt einen ersten Höhepunkt und prägen dann in den ersten drei Lebensjahren nachhaltig die Persönlichkeitsstruktur weiter aus.

Die wichtigsten Qualitätsmerkmale der Frühbetreuung können nach mütterlichen und väterlichen Beziehungsangeboten differenziert werden. Mit „mütterlich" sind folgende Fähigkeiten gemeint: gebären, gewähren, einfühlen, spiegeln, bestätigen, verstehen, versorgen, trösten, schützen. Und mit „väterlich" sind fördern und fordern, unterstützen, probieren, riskieren, strukturieren, bewerten, begrenzen, Pflichten und Verantwortung vermitteln, beschützen gemeint.

Mütterliche und väterliche Beziehungsfähigkeiten sind nicht zwingend an das Geschlecht gebunden. Es gibt auch väterliche Mütter und mütterliche Väter. Die für das Kind erforderlichen „mütterlichen" und „väterlichen" Beziehungsangebote müssen entwicklungspsychologisch aber als archetypische Qualitäten verstanden werden, auf die nicht ohne schwerwiegende Folgen verzichtet werden kann.

Diese basalen Beziehungsqualitäten werden leider häufig nicht ausreichend gut angeboten – sondern bleiben defizitär bis pervertiert. Eine zu frühe Fremdbetreuung (unter dem 3. Lebensjahr) bedeutet für das Kind meistens ein Trennungstrauma, da die Bindungssicherheit mit der Mutter dann noch nicht erreicht ist. Und bei einem Betreuungsschlüssel von mehr als zwei bis drei Kindern für eine fremde Betreuungsperson kann eine ausreichend stabile Bindung kaum erreicht werden. Und bei der Ausbildung zur Fremdbetreuung dürften nicht pädagogische Kenntnisse zur frühkindlichen Bildung im Mittelpunkt stehen, sondern die emotionale Beziehungsfähigkeit für eine frühkindliche Bindung.

Ich habe mit den Erkenntnissen der psychotherapeutischen Forschung und den Erfahrungen der therapeutischen Praxis die häufigsten Mütterlichkeits- und Väterlichkeitsstörungen mit ihren spezifischen Folgen der Selbst-Entfremdungen in der Persönlichkeitsentwicklung des Kindes und späteren Erwachsenen differenziert:

- „Mutterbedrohung" mit der Einstellung der Mutter: „Lebe nicht!" Ich will dich nicht! verursacht ein bedrohtes Selbst
- „Mutterbesetzung" mit der Einstellung der Mutter: „Ich brauche dich für mein Leben" schafft ein besetztes Selbst
- „Muttermangel" mit dem Mangel an Liebe für das Kind verursacht ein minderwertiges Selbst
- „Muttervergiftung" mit der Einstellung der Mutter: „Sei so, wie ich dich haben will" bewirkt ein abhängiges Selbst

- „Vaterterror" mit der Einstellung des Vaters: „Du störst!" erzeugt ein gehemmtes Selbst
- „Vatererpressung" mit der Einstellung des Vaters: „Mach das, was ich verlange!" schafft ein genötigtes/erpresstes Selbst
- „Vaterflucht" mit der Einstellung des Vaters: „Ich habe kein Interesse an dir" hinterlässt ein ungefördertes Selbst
- „Vatermissbrauch" mit der Einstellung des Vaters: „Mach mich stolz!" bewirkt ein überfordertes Selbst

Die leibliche Mutter hat durch Schwangerschaft, den Geburtsvorgang und die Stillzeit einen wesentlichen biopsychosozial begründeten Beziehungsvorlauf und damit anfangs eine wesentlich größere Beziehungsbedeutung als der Vater oder andere Betreuungspersonen. Alleinerziehende, lesbische Mütter und homosexuelle Väter tragen eine besondere Verantwortung, leiblichen oder zu betreuenden Kindern sowohl mütterliche als auch väterliche Beziehungsqualitäten zur Verfügung zu stellen. Leider gibt es schon lange einen Kampf und Streit um die Frühbetreuung von Kindern, der politische, ideologische, ökonomische und religiöse Gründe hat und damit entscheidenden Einfluss auf die Zukunft der Gesellschaft nimmt – die Macht über die Kinderstuben bestimmt die Entwicklung der Gesellschaft! Warum ist das so? Weil in den ersten drei Lebensjahren die Entwicklung der Persönlichkeit – der Charakter – wesentlich und nachhaltig geprägt wird. Und eine gesellschaftlich vorherrschende, mehrheitlich vertretene Erziehungsnorm schafft bei aller individuellen Verschiedenheit eine kollektive Verhaltenstendenz, die alle Kinder mit gesellschaftlichen Normen und Werten beeinflusst. Wenn Erziehung oder frühe Beziehungsstörungen dominieren, droht eine gesellschaftliche Fehlentwicklung – eine Normopathie. Dann wird das Gestörte für normal gehalten, nur weil eine Mehrheit einer Meinung zu sein scheint. Dabei muss der massenpsychologische Druck berücksichtigt werden, dass sich Menschen einer Überzeugung anschließen, vor allem um dazuzugehören und auf keinen Fall ausgeschlossen zu werden. Soziale Bedürfnisse und Affekte dominieren über Realität und Rationalität. Massenpsychologisch werden die Werte einer Gesellschaft in den Erziehungsnormen, den Regeln und Ritualen, über die Sprache, die Sitten und Gebräuche, auch noch in den Moden und den Themen des Zeitgeistes gemeinschaftsbildend vermittelt, können aber auch über die Macht des Mainstreams bis zur Herrschaft einer politischen Korrektheit normopathisch pervertieren. Eine kollektive Entfremdung wird dann relevant, wenn eine Mehrheit ähnlich denkt, fühlt und handelt und Andersdenkende diffamiert und ausgegrenzt werden. Das Massenverhalten gilt dann als Beleg für Wahrheit und Richtigkeit, ohne über die jeweiligen Inhalte noch kritisch zu diskutieren. Eine solche normopathische Fehlentwicklung droht immer dann, wenn die Frühbetreuung einer Mehrheit der Kinder defizitär bis traumatisierend war. Die daraus resultierende Selbstunsicherheit führt dazu, dass man sich den Mainstream-Normen anpasst und dafür dann auch Anerkennung erfährt und nicht belastend kritisiert oder gar ausgegrenzt wird. Auf diese Weise wird die eigentlich zugrunde liegende Selbstentfremdung nicht mehr wahrgenommen. Erst wenn die Anpassung an die normopathischen Werte nicht mehr ausreichend gelingt (bei Erkrankung, Arbeitslosigkeit, Berentung) oder sich die geforderten Normen verändern (z. B. durch Digitalisierung, Globalisierung, politische und soziale Veränderungen), werden die zugrunde liegenden Defizite und Fehlentwicklungen wieder störend und verunsichernd erlebt. Auch wenn bisherige Halt gebende Werte (z. B. Frieden und Sozialismus in der DDR oder Wohlstand und soziale Sicherheit im vereinten Deutschland) schwächeln, sich als Illusion erweisen und verloren gehen, dann verlieren entfremdete Selbst ihre Kompensationsmöglichkeiten und werden wieder „wund".

Um die Folgen frühester Selbst-Entfremdung zu verstehen, müssen wir zwischen „Selbst" und „Ich" unterscheiden. Das Selbst ist die angeborene Matrix der je einmaligen Persönlichkeit, deren Genese uns nicht wirklich bekannt ist und als „Natur", „Genetik", „gottgewollt" umschrieben werden kann, aber auch schon vorgeburtlich und durch die Geburtserfahrungen wesentlich psychosozial beeinflusst wird.

„Erziehung" ist ein sicheres Machtmittel zur Selbst-Entfremdung. Und die Qualität der frühen Beziehungsangebote entscheidet darüber, ob eine Selbst-Entfremdung erzwungen wird oder eine Selbst-Verwirklichung gelingen kann.

Setzen wir Selbst-Entfremdung und Selbst-Verwirklichung in einen Gegensatz, dann haben die Eltern und andere frühe Betreuungspersonen sowie die Familienpolitik die Verpflichtung, das Selbst eines Kindes zu erkennen, zu erforschen, die Selbst-Entwicklung zu unterstützen und Selbst-Begrenzungen zu akzeptieren. Die wichtigste elterliche Einstellung ist die Neugier: wer bist du, mein Kind? Und wie bist du und wie kannst du werden? Das heißt auch zu akzeptieren, dass kein Kind nur so sein kann und werden sollte, wie die Eltern sich das wünschen und vorstellen und die Gesellschaft es erwartet. Entfremdung entsteht immer aus einer Diskrepanz zwischen den Selbst-Anlagen und -Begrenzungen und den Erwartungen, Forderungen und Normen der sozialen Umwelt. Es ist letztlich der ständige Konflikt zwischen Natur und Kultur, wobei aber die Kultur immer auch schon als Folge entfremdender Normen politischer, ökonomischer und religiöser Macht verdächtigt werden muss. Die Kulturleistungen sind vor allem Ich-Leistungen. Das Ich bildet sich im Gegensatz zum vorgegebenen Selbst aus lernbarem Verhalten. So kann das Ich auch erlittene Selbststörungen kompensieren und damit entstandene Entfremdung überdecken und sogar in „erfolgreiches" Leben einer Normopathie ummünzen, aber ein entfremdetes Selbst wird damit nicht geheilt.

Mit den aus den frühen Mütterlichkeits- und Väterlichkeits-Beziehungsstörungen resultierenden Selbst-Entfremdungen: das bedrohte, besetzte, ungeliebte, abhängige, gehemmte, erpresste, vernachlässigte und überforderte Selbst kann man nicht gut leben. Der Konflikt-Stress zwischen dem, wer und wie man sein könnte und möchte und dem, wie man sein soll und muss, ist eine Hauptquelle für Erkrankungen und soziale Konflikte. Psychotherapie ist die Disziplin, die bemüht ist, diesen Konflikt aufzudecken und möglichst aufzulösen. Aber neben der Chance, durch Erkrankung Erkenntnis zur Lebensveränderung zu gewinnen, dominiert häufiger eine Verhaltenstendenz, die Selbstentfremdung sozial auszuagieren. So neigt der Bedrohte dazu, sich zu „bewaffnen" (auch z. B. mit Macht, Geld und Geltung), um sich zu schützen. Der Besetzte entzieht sich, der Ungeliebte will sich durch Leistungen beweisen, der Abhängige ist am liebsten Mitläufer und Fan, der Unterdrückte träumt von Rache, der Erpresste strebt nach autoritären Strukturen, der Vernachlässigte macht sich zum Versorgungs-Objekt und der Überforderte frönt einer Leistungs- und Wachstumsideologie. Das Ich ist jeweils bemüht, die Selbst-Beschädigungen zu verbergen, auszugleichen und in äußere Erfolge einer Normopathie zu verwandeln. Mit Ich-Leistungen der Kompensation, der Ablenkung und Betäubung kann man berühmt, reich und mächtig werden, ohne dass noch erkennbar wird, dass sich unter den äußeren Erfolgen ein verletztes, unbefriedigtes, unentfaltetes Selbst verbirgt.

Die Kompensation von Selbst-Entfremdung hat individuell, sozial und gesellschaftlich erhebliche Risiken und reale Folgen. Die pathogenen Faktoren sind Stress, Sucht und Projektion. Medizin, Psychologie und Soziologie müssen sich mit den Erkrankungsfolgen und Verhaltensstörungen von Sucht und innerseelischem Stress befassen. Praktisch können jede psychische und psychosomatische Erkrankung und die Beziehungskonflikte eines Menschen auf psychosoziale Entfremdung – auf die Konflikte individueller Natur und kollektiver Kultur – zurückgeführt und nur auf dieser Ebene gelöst oder mit einem weniger pathogenen Kompromiss entlastet werden. Für die gesellschaftliche Entwicklung sind das Projizieren und Ausagieren der Entfremdung die wesentlichen Gefahren. Zur Projektion neigt jeder, der seine eigene Entfremdung, die seelischen Schwächen, Defizite, Fehler und Verletzungen nicht kennt, nicht wahrhaben will und so auch nicht zu kontrollieren und zu regulieren gelernt hat. Dann sind immer die anderen schuld, böse, falsch. Im anderen wird erkannt, was man bei sich selbst nicht wahrhaben will. Unter halbwegs stabilen gesellschaftlichen Verhältnissen halten sich die verschiedenen projektiven Vorwürfe und Denunziationen bei demokratischer Meinungsfreiheit und entfaltetem Pluralismus ausgleichend die Waage. Jede Einseitigkeit wird durch eine gegenteilige gedämpft und selbst jede Absurdität und Verrücktheit durch Vielfältigkeit entschärft. So können entfremdete Menschen friedfertig, sich ausgleichend und ergänzend, mit Kritik, Satire und Humor zusammenleben und jeder Selbstentfremdete findet seinen Platz, seine Bühne, seine Gruppe – das Leben kann tatsächlich „offen" und „bunt" sein. Dies ändert sich aber, wenn das Gleichgewicht der Entfremdung verloren geht, wenn im Mainstream allmählich eine Tendenz von Meinung und Verhalten dominiert und durch politische Korrektheit Andersdenkende plötzlich benachteiligt, beschimpft und zunehmend aus der Gemeinschaft ausgeschlossen werden. In der Krise einer Gesellschaft werden die Projektionen feindselig, weil die Kompensation der Entfremdung ihren Erfolg verliert und die Verunsicherungen wachsen.

Das ist dann die psychodynamische Grundlage einer Gesellschaftskrise. Da in aller Regel die ursächlichen Quellen der Ängste und Bedrohungsgefühle aus den frühen Entwicklungsbedingungen nicht erkannt werden wollen, werden die Affekte in der Gegenwart ausagiert. Die Erinnerung an „Frühstörungen" würden einen Gefühlsstau aufbrechen lassen mit heftigen berechtigten Aggressionen wegen der erlittenen Bedrohung und Repression und würden einen tiefen seelischen Schmerz wieder beleben wegen der erfahrenen Kränkung, seelischen Verletzungen und der bitteren Lieblosigkeit. Um solche sehr belastenden Erinnerungen zu vermeiden, müssen gegenwärtige Belastungen aufgebauscht, reale Konflikte geschürt und hassfähige Objekte gefunden werden. Aus der Geschichte kennen wir den „Erzfeind", den „Klassenfeind", die „Juden", die „Kommunisten", die „Imperialisten". Heute sind es vor allem die „Populisten", die „Rechten", die „Islamisten", die „Klimaleugner". In aller Regel lassen sich in jedem Feindbild reale Schwächen und Fehler nachweisen, so dass man sich mit seinem Vorurteil und Kampf im Recht fühlen kann, aber der Hass, die Hetze, die wachsende Gewalt gegen die jeweiligen Feinde verrät den Gefühlsstau aus eigener Entfremdung.

Das durch Erziehung oder traumatisierende Beziehung selbstentfremdete Kind trägt zurecht Wut und Schmerz in sich, die ursprünglich den Fremderziehern, natürlich auch den Eltern mit schlechten Beziehungsangeboten und letztlich den Werten und Normen einer entfremdenden Gesellschaft gelten, aber nie ausgetragen werden durften und konnten und durch Kompensation (Anpassung, Anstrengung, Leistung), durch Ablenkung (Konflikte, Animation, medialen Konsum), durch Betäubung (Alkohol, zu viel Essen, Medikamente, Drogen) verleugnet und unterdrückt worden sind, werden in einer Krisenintervention wieder aktiviert, die entweder durch Symptome und Erkrankungen oder in sozialen Feindschaften ausagiert werden. Die zunehmende Spaltung unserer Gesellschaft in Arm und Reich, Rechts und Links, Alt und Jung, Land und Stadt, Mann und Frau, „Willkommenskultur" und Fremdenfeindlichkeit, in Klimaaktivisten und „Klimaleugner", in AfD und Grüne, in Globalisten und Traditionalisten halte ich für die Symptomatik einer normopathischen Gesellschaftskrise, deren Werte und Erfolge fragwürdig geworden sind und durch eine zunehmend feindselige Spaltung destruktiv ausagiert wird, statt die gesellschaftliche Fehlentwicklung zu erkennen und gemeinsam um weniger entfremdete Lebensformen zu ringen. Aus meiner beruflichen Perspektive hat dabei das Bemühen um eine optimale Frühbetreuung von Kindern Priorität. Nur die Verringerung der Selbst-Entfremdung sichert eine friedvolle, gerechte und demokratische Entwicklung.

Wir könnten uns große Sorgen machen und Ängste entfalten, wenn wir uns nur als Opfer von Ent-Fremdung, Ent-Wirklichung, Ent-Grenzung, Ent-Heimatung erleben, ohne noch zu realisieren, dass wir die Täter einer solchen Entwicklung sind. Wir leben zumeist ein falsches, selbstentfremdetes Leben als Folge repressiver Erziehung oder defizitärer, traumatisierender Beziehung, um eine innere Bindungsschwäche und Identitätsverunsicherung nicht erkennen und erleiden zu müssen, stürzen wir uns in einen süchtigen Wachstumswahn, phantasieren von grenzenlosen Möglichkeiten und halten eine No-border-Welt für unbegrenzte Freiheit. Die innere Halt- und Orientierungslosigkeit will sich am liebsten durch Grenzenlosigkeit unkenntlich machen. Dagegen wären klar geregelte Grenzen und die Akzeptanz eigener Begrenzung eine wesentliche Hilfe für ein Halt gebendes und ein sicherndes äußeres Leben gegen vorliegende Selbstwertunsicherheiten.

Heimat, Region, Tradition sind ganz wichtige äußere Strukturen, um bei innerseelischer Heimatlosigkeit eine Orientierung zu haben. Ein innerseelischer Heimatverlust entsteht bei mangelhafter Bestätigung, verzerrter Spiegelung, unangemessener Reaktion und fehlender Empathie für kindliche Bedürfnisse und kindliches Erleben. Eine Ent-Heimatung beraubt viele Menschen einer erlebbaren äußeren Zugehörigkeit bei nicht entwickelter Selbst-Beheimatung mit der fehlenden stabilisierenden Gewissheit, wer man ist, wie man ist oder wie man nicht ist. Eine zunehmende Tendenz, äußere Strukturen wie Nation oder Heimat verächtlich zu machen und aufzulösen, ist einerseits eine große Gefahr der Selbst-Labilisierung, bietet aber andererseits auch die fragwürdige Chance, eine verstörte Bindung im Verlust kultureller Verbundenheit vergessen oder unkenntlich werden zu lassen. Eine entwicklungspsychologisch frühe Bindungsstörung versucht sich in der Heimatlosigkeit vom individuellen Makel zu befreien. Dass wir bei persönlichen Krisen und gesellschaftlicher Fehlentwicklung zur Ent-Wirklichung neigen, ist ein Schutzreflex unseres Seelenlebens. Eine Krise fordert uns zu bitteren, schmerzlich peinlichen Erkenntnissen eigener Fehler, schuldhaften Verhaltens und folgenschwerer Falscheinschätzungen heraus. Das möchte keiner erleben. Unsere Seele stellt uns Schutz- und Abwehrmechanismen zur Verfügung: vergessen, verleugnen, rationalisierende Entschuldigungen sollen die Wahrheit eigenen Versagens vertuschen. Dann werden bisherige Positionen verteidigt, kritische Stimmen werden bekämpft und andere Schuldige werden gesucht. Das ist die Grundlage der uns allen bekannten Sündenbock-Jagd und eines Feindbilddenkens. Das Leben wird nicht mehr realitätsgerecht abgebildet, sondern mit machtpolitischen, ideologischen oder moralischen Argumenten verzerrt interpretiert. Die Behauptung „Wir haben nichts falsch gemacht" – die Entscheidungen seien „alternativlos" und Kritiker zu „Populisten" gestempelt, das bildet dann die Trias der Ent-Wirklichung.

Um eine Täterschaft an individuellen und gesellschaftlichen Fehlentwicklungen, im Grunde genommen an Erkrankungen, sozialen Konflikten und einer gesellschaftlichen Normopathie zu verringern, sollten wir alles dafür tun, dass Kinder in ihrer Frühentwicklung so wenig wie möglich selbst-entfremdet werden. Das ist eine Herausforderung an die Qualität der eigenen Elternschaft und an eine Familien- und Sozialpolitik, die eine zu frühe Fremdbetreuung überflüssig werden lässt, weil die Eltern finanziell und psychologisch für ihre so bedeutende Funktion und Arbeit bestens unterstützt werden, um eine optimale Frühbetreuung ihrer Kinder zu sichern. Bei unvermeidbarer Fremdbetreuung in den ersten drei Lebensjahren ist der Staat in der Verantwortung, die Krippen personell und fachkundig so auszustatten, dass den Kleinkindern optimale Bindungserfahrungen ermöglicht werden.

Die gegenwärtige Familienpolitik ist weit davon entfernt. Damit werden in den Spätfolgen immer wieder Erkrankungen, konflikthaftes Verhalten und alle Formen von Extremismus nahezu gezüchtet. Teile der Zivilgesellschaft feiern sich gerne im „Kampf gegen Rechts", ohne zu realisieren, dass damit nur auf Symptomebene etwas angeprangert wird, ohne die Ursachen einer extremistischen Fehlentwicklung zu berücksichtigen. Eine klare Haltung zu zeigen, ist zwar notwendig, fällt auch relativ leicht, dagegen sind die gesellschaftlichen Bedingungen und Erziehungsfehler, die verantwortlich sind für extremistische, fundamentalistische, populistische und gewaltbereite Entfremdungen, viel schwerer zu erkennen, zu analysieren und zu verbessern. Gegen ein erneutes Feindbilddenken favorisiere ich eine Beziehungskultur, die helfen kann, die Folgen von entwicklungspsychologischer Früh-Entfremdung zu mildern. Zur Beziehungskultur gehört die mutige Überzeugung, dass man immer selbst auch das Problem ist, dass man selbst irren kann und dass jeder Anders-denkende, selbst der politische Gegner, auch Recht haben kann. Das ist die notwendige Voraussetzung, um demokratische Verhältnisse zu sichern. Nur im freien machtfreien Diskurs kann man eigene Fehler erkennen, Motive verstehen, Interessen würdigen, Kompromisse finden, gemeinsame Entwicklung anstoßen und Pro und Contra ohne Feindseligkeit und Gewalt nebeneinander stehen lassen, bis neue Erkenntnisse und Erfahrungen auch neue Einsichten und Haltungen ermöglichen. Eine solche friedfertige und gewaltfreie Kommunikation als Grundlage einer Demokratie bedarf der Überwindung der weit verbreiteten Selbst-Entfremdungen, was mit sozialpolitischer Berücksichtigung der entwicklungspsychologischen Forschung möglich wäre.

Ent-wirklichung –
Zum Vertrauen in Zeiten der digitalen Infodemie
Petra Grimm

Die WHO beklagte im Zuge der Anfang 2020 ausgebrochenen Corona-Epidemie eine „Infodemie" (Brühl 2020): Desinformation und Gerüchte wie beispielsweise, das Virus sei in einem geheimen chinesischen Labor entwickelt worden, Bill Gates habe bereits lange zuvor ein Patent darauf angemeldet oder Knoblauch helfe gegen die Krankheit, verbreiteten sich in den sozialen Medien rasend schnell. In einer Informationskampagne gegen diese Infoviren veröffentlicht die WHO auf ihrer Website Fakten, sog. „Myth busters", um die Öffentlichkeit gegen die einschlägigen Desinformationen zu immunisieren.[1] Dass Desinformation keine Lappalie ist, sondern vor allem in vulnerablen Situationen den gesunden Menschenverstand infiziert, zeigen die Fake News in der Corona-Krise: Gefälschte Informationen unter der Tarnkappe seriöser Quellen wie z. B. im Design der Süddeutschen Zeitung, vielfach geteilte You-Tube-Videos wie z. B. die des anonymen „Odysseus", der behauptete, ihm seien Informationen über die Epidemie zugespielt worden, die die Presse verschweige,[2] aber auch Kettenbriefe, weitergeleitete WhatsApp-Nachrichten und Verschwörungstheorien auf Facebook schüren Ängste in der Bevölkerung (Ludwig 2019: 5). Oder sie verharmlosen die Infektionsgefahr, polemisieren gegen landesweite Schutzmaßnahmen und verunsichern dadurch ebenfalls die Bevölkerung. Hinzu kommt, dass Desinformationen, auch wenn sie entlarvt werden, dennoch Langzeitwirkungen haben können. Dies ist dann der Fall, wenn ein sogenannter „Sleeper Effect" (Hovland et al. 1949) eintritt: Man erinnert sich an das, was gesagt wurde, aber vergisst, wer es gesagt hat. Dieser in der Kommunikationsforschung empirisch und theoretisch mehrfach überprüfte Effekt könnte, so Lindemann (2018), bei Verschwörungstheorien und Fake News mit zwei weiteren Effekten gekoppelt sein – dem „Truth Effect", wonach eine wiederholt rezipierte Nachricht eher für wahr ge-

---

1 Vgl. hierzu die illustrierten Informationen auf der WHO-Website: https://www.who.int/emergencies/diseases/novel-coronavirus-2019/advice-for-public/myth-busters.
2 Vgl. hierzu https://www.youtube.com/watch?v=XAqAv843DF4.

halten wird, und dem „Mere Exposure Effect", wonach eine wiederholt rezipierte Nachricht besser bewertet wird: „Wenn man von verschiedenen Seiten dieselbe Nachricht präsentiert bekommt, können anfängliche Zweifel über die Verlässlichkeit der Botschaft in den Hintergrund gedrängt werden." (Lindemann 2018: 246)

Desinformationen verbreiten sich wie Infoviren. Wie können wir dagegen Antikörper entwickeln? Eine Möglichkeit, die Wirkmächtigkeit von Desinformationen zu entkräften, wäre es, deren Verbreitung von vorneherein zu erschweren. Facebooks Maßnahmen, gegen Desinformationen über Corona mittels Künstlicher Intelligenz (KI) vorzugehen, laufen allerdings ins Leere, wenn die KI fälschlicherweise auch seriöse Nachrichtenquellen blockiert (Holland 2020). Das Versprechen, mittels automatisierter Systeme Desinformation zu verhindern, dürfte auch in Zukunft nur bedingt erfolgreich sein, solange nicht Menschen in ausreichender Zahl das System kontrollieren. Das heißt, die Internet-Plattformen müssten auch ein entsprechend qualifiziertes Personal beschäftigten und damit ausreichend Geld in die Hand nehmen, um ihrer Verantwortung gerecht zu werden.

Die Verantwortung der Internet-Plattformen ist aber nicht nur in Krisenzeiten einzufordern, auch in „normalen" Zeiten liegt es in ihrer Hand, Desinformationen und gezielte Manipulation zu unterbinden. Dass ein solches Unterlassen gravierende Auswirkungen auf die politischen Verhältnisse eines Landes haben kann, zeigte das Brexit-Referendum, bei dem Facebook eine zentrale Rolle spielte, was der Abschlussbericht des House of Commons „Digital, Culture, Media and Sport Committee" des Vereinten Königreichs (2019) ausführlich dokumentiert.

Desinformationen können aber nicht nur Demokratien destabilisieren, sie können auch Leben kosten, wie die Geschichte zur HPV-Impfung in Japan veranschaulicht: Dort leiden Mädchen und Frauen doppelt so häufig an Gebärmutterhalskrebs wie in den USA. 2013 ließ die Regierung deshalb die HPV-Impfung zu. Die Impfquote lag bei 80 Prozent. Studien konnten nachweisen, dass die Rate von Krebsvorstufen an der Gebärmutter bei geschützten Frauen um zwei Drittel niedriger liegt. Ein durchschlagender Erfolg. Dann tauchten die ersten Fake-Videos auf, in denen angebliche Nebenwirkungen der Impfung zu sehen waren. Sie wurden in den sozialen Medien verbreitet und auch von den klassischen Medien aufgenommen mit der Folge, dass kaum noch Mädchen und Frauen geimpft wurden. Die Impfquote sank auf *ein* Prozent. Das Risiko an Gebärmutterkrebs zu erkranken ist damit wieder deutlich gestiegen (Tauber/Wallenfels 2019). Diese Geschichte veranschaulicht eindrücklich, dass Desinformation im Internet in das „reale" Leben eingreifen und die Entscheidungsautonomie von Menschen manipulieren kann.

Was wirklich wahr ist, erscheint im Zeitalter der digitalen Kommunikationswelt eine unsichere, wenn nicht gar mit Misstrauen behaftete Angelegenheit geworden zu sein. Aber warum ist das so? Welche Folgen hat es? Und wie kann Vertrauen, Verständigung und freie Meinungsbildung in der digitalen Kommunikation gelingen?

1) Meinungen, Tatsachen und soziale Medien

Ob Corona, Brexit oder die HPV-Impfung – wir können uns über Sachverhalte, die wir nicht aus eigener Erfahrung kennen, nur dann eine vernünftige Meinung bilden, wenn Medien über die Fakten seriös informieren und eine entsprechende Einordnung vornehmen. Wie Hannah Arendt in „Wahrheit und Politik" (1969/2019: 57f.) ausführt, sind Meinungen „legitim" (…), solange sie die Integrität der Tatbestände, auf die sie sich beziehen, respektieren. Meinungsfreiheit ist eine Farce, wenn die Informationen über die Tatsachen nicht garantiert sind." Sie würde sicherlich einer heute vielfach zu beobachtenden Nonchalence gegenüber Tatsachenbehauptungen, die in dem Spruch „Das ist halt meine Meinung" lakonisch zum Ausdruck kommt, eine Absage erteilen. Denn wenn jeder eine Meinung hat, aber nur wenige eine Ahnung, lässt sich ein Konsens über Werte und Prinzipien in der Demokratie schwer erzielen.

Nach Arendt ist eine Verständigung über Tatsachenwahrheiten die Voraussetzung dafür, sich eine Meinung überhaupt bilden zu können. Der Meinungsbildungsprozess selbst, bei dem ich *meine* Perspektive – wie das Wort *Mein* in *Meinung* nahelegt – entwickle, bedarf der Fähigkeit, einen Sachverhalt von verschiedenen Gesichtspunkten aus zu betrachten. Sich eine Meinung zu bilden, heißt für Arendt, sich in mehrere Perspektiven hineinversetzen zu können: „Je mehr solcher Standorte ich in meinen eigenen Überlegungen in Rechnung stellen kann, und je besser ich mir vorstellen kann, was ich denken und fühlen würde, wenn ich an der Stelle derer wäre, die dort stehen, desto besser ausgebildet ist dieses Vermögen der Einsicht (…) und desto qualifizierter wird schließlich das Ergebnis meiner Überlegungen, meine Meinung sein." (Arendt 2019: 61f.) Doch wie kann ich mir die unterschiedlichen Standorte vergegenwärtigen? Grundlage hierfür kann nur ein Medienangebot sein, das auf Vielfalt der Themen und Perspektiven, Qualitätsjournalismus sowie Presse- und Informationsfreiheit basiert.

Das gegenwärtige Nutzungsverhalten zeigt, dass die Internet-Plattformen – soziale Medien und Suchmaschinen – im Informationsbereich immer mehr an Relevanz gewonnen haben: zum einen, weil sie Schleusenwärter für die Nachrichten klassischer Medien sind, zum anderen, weil soziale Netzwerke und Suchmaschinen zunehmend als (Haupt-)Nachrichtenquelle genutzt werden. Der zunehmende Nachrichtenkonsum über soziale Medien (für Videoinhalte vgl. Web-TV-Monitor 2019) zeigt sich insbesondere bei den Jüngeren, allerdings zunehmend auch bei den älteren Onlinern. So verdeutlicht der Reuters Institute Digital News Report (Hölig/Hasebrink 2019: 20), dass soziale Medien als wichtigste Quelle für Nachrichten im Internet gegenüber anderen Online-Quellen in den Altersgruppen unter 45 Jahren gelten und jeder zehnte Onliner soziale Medien als Hauptnachrichtenquelle im Internet nutzt. Dieser Trend sowie die verstärkte Meinungsmacht der Intermediäre (Paal 2018) führt, so eine oft geäußerte Befürchtung, zu einer geringeren Meinungspluralität, zumindest bei Menschen, die wenig informiert sind oder zu Radikalisierung neigen (Dubois/Blank 2018). Zwar nutzten bereits in analogen Zeiten Menschen meist nur eine Zeitung mit einer politischen Tendenz, jedoch fungierten diese als Gatekeeper auf der Basis von allgemeingültigen Nachrichtenwerten. Menschen bilden sich heute ihre Meinung zunehmend durch von Algorithmen selektierte Inhalte. Damit setzen sich die Nutzer*innen aber dem Risiko aus, auf pseudo- und parajournalistische Inhalte sowie Desinformation zu stoßen. Und diese sind nicht für jede*n als solche erkennbar, oftmals auch, weil sie unter der Tarnkappe der Seriosität Desinformation verbreiten. Aber nicht nur das gefakte Erscheinungsbild der Inhalte, auch das gleichrangige Nebeneinander journalistischer und pseudo-journalistischer Nachrichten in den sozialen Medien erschwert es, Wahres von Falschem zu unterscheiden. Erhält man zudem von Freunden eine solche Nachricht, wird dieser oftmals ein Vertrauensbonus geschenkt, was verständlich ist, denn der Glaubwürdigkeitsgehalt einer Nachricht hängt nicht nur davon ab, wie eine Nachricht gestaltet ist, sondern auch davon, wer sie übermittelt.

Durch die Digitalisierung und vor allem die Nachrichtenrezeption über soziale Medien haben sich Phänomene wie die sog. „selective exposure" (Stroud 2018) und „echo chamber" (Rieger 2019) verstärkt. Oft wird auch von einer „Filterblase" (Pariser 2011, dt. 2012) gesprochen, in der sich die Internetnutzer*innen befinden. Algorithmen lernen aus dem Nutzerverhalten, und durch spezielle Filter-, Empfehlungs- und Personalisierungsmechanismen präsentieren soziale Netzwerke bevorzugt Informationen und Themen, bei denen eine hohe Wahrscheinlichkeit besteht, dass Nutzer*innen großes Interesse an ihnen haben (Schmidt et al. 2018). Es handelt sich um ein selbstreferenzielles System, das beispielsweise populistische Gruppen für ihre Zwecke nutzen.

Soziale Medien haben sich zu Kampfarenen polarisierender Meinungen entwickelt. Die ursprünglich ihnen zugeschriebenen Funktionen (Vielfalt der Meinungen, Demokratisierung der Medienöffentlichkeit, Teilhabe) werden in der Realität durch Dysfunktionen überlagert. Anzeichen hierfür sind: Kommentare entbehren häufig jeglicher Netiquette, Trolle und professionelle Desinformations-Akteure verbreiten „Hate-Speech", polarisierende, enttabuisierende und skandalisierende Meinungen werden von den Algorithmen hochgespült, nicht zuletzt, damit die Klickraten erhöht werden. Diejenigen, die an einem Dialog und reflektierten Meinungsaustausch interessiert sind, nehmen nicht mehr an der Diskussion teil, was zu einer verzerrten Wahrnehmung öffentlicher Meinung führt und den Effekt einer Schweigespirale impliziert. Kulturell gesehen fördern damit soziale Medien ein Klima der Verachtung.

Soziale Medien werden in der subjektiven Erfahrungswelt der Bürger*innen in Baden-Württemberg als eine Welt wahrgenommen, die durch Ängste und Unsicherheit sowie Unwahrheit und Ambivalenz des Wissens gekennzeichnet ist. Die Befunde der qualitativen Befragung im

Forschungsprojekt Digitaldialog 21[3] zeigen, dass unabhängig vom sozialen Milieu der Wunsch nach einer vertrauensvollen Informationswelt besteht. Sowohl machtvolle Akteure (wirtschaftlich, informationell oder politisch) als auch Laien („Leute, die keine Ahnung haben" und „am lautesten schreien") würden die Diskussionen im Netz zum Nachteil einer freien Meinungsbildung prägen.

Verbunden mit der steigenden Bedeutung der Internet-Plattformen für die Meinungsbildung ist eine Schwächung der klassischen Medien, insbesondere der regionalen bzw. lokalen TV-Sender und der Lokalpresse, sowie ein verschärfter Druck auf den Qualitätsjournalismus. Denn seitdem die Erlöse weg von den Printmedien und dem Rundfunk hin zu den Internet-Plattformen gewandert sind, haben die Medienverlage und Sender immer weniger Einnahmen und die daraus resultierenden Sparzwänge reduzieren die Etats für journalistische Arbeit.

Komplexe liberale Demokratien brauchen ein Mediensystem, das Verständigung, Konsensbildung und Teilhabe ermöglicht. Voraussetzung für den gesellschaftlichen Zusammenhalt ist eine gut informierte Gesellschaft. *Qualitätsjournalismus* und *Vielfalt* im Medienangebot sind die Voraussetzungen für eine *freie Meinungsbildung*, worauf eine liberale Mediendemokratie beruht. Es gibt Anzeichen dafür, dass mit der zunehmenden Marktdominanz und Meinungsbildungsrelevanz der Internet-Plattformen sowie dem wachsenden Ökonomisierungsdruck auf die klassischen Massenmedien diese drei Säulen ins Wanken geraten.

Kann es sich eine moderne liberale Demokratie leisten, auf Informationsmedien als Wahrhaftigkeitsträger, die sich an den Tugenden Aufrichtigkeit und Sorgfalt resp. Genauigkeit orientieren, zu verzichten? Sicherlich nein, aber dann bedarf es auch entsprechender Investitionen, um Wahrhaftigkeit im Journalismus zu ermöglichen. Dies macht aber nur Sinn, wenn auf Seiten der Nutzer*innen eine Wertschätzung von gutem Journalismus besteht und sie in der Lage sind, diesen zu erkennen. Noch vielmehr – vor allem im Kontext der sozialen Medien – sollten sie sich die Mühe machen, etwas über einen Sachverhalt herauszubekommen. Bernard Williams hebt in „Wahrheit und Wahrhaftigkeit" (2013) hervor, dass es einer „Untersuchungsinvestition" bedarf,

---

3 Weitere Angaben zum Projekt unter https://www.hdm-stuttgart.de/digitale-ethik/forschung/forschungsprojekte/Digitaldialog21.

wenn man sich eine Meinung bilden möchte: Das würde bedeuten, „dass eine Information – der Erwerb einer wahren Überzeugung bezüglich einer bestimmten Frage – ein Kostenpunkt sein kann im Hinblick auf Zeit, Kraft, vergeudete Chancen und vielleicht auch Gefährdungen. Hier stellen sich also Fragen wie: ‚Wieviel Mühe ist es wert, hierüber etwas herauszufinden?' Außerdem können Fragen auftauchen, die sich auf etwas beziehen, was man bereits glaubt oder zu glauben geneigt ist: ‚Bin ich davon wirklich überzeugt? Sollte ich es sein?' Es sind Fragen dieser Art, welche die Notwendigkeit der Tugend *Genauigkeit* signalisieren." (Williams 2013: 135f.) Williams' Gedanken leiten über zu der Frage, welche Fähigkeiten im Umgang mit Informationen und bei der Bildung einer Meinung in einer digitalisierten Gesellschaft erforderlich sind. Hierzu möchte ich ein zweistufiges Kompetenzmodell vorschlagen: das der Information und der Meinungsbildung:

Informationskompetenz ist die Fähigkeit, selbstbestimmt Informationen zu suchen, zu filtern, Medien und Quellen zu bewerten und einzuordnen sowie sie auf Relevanz und Wahrheitsgehalt hin zu bewerten. Ebenso gehört die Befähigung dazu, Formen der Desinformation zu erkennen. Ziel ist ein souveräner und selbstbestimmter Umgang mit Informationen als Grundlage der Meinungsbildung und der Handlungsfähigkeit in einer digitalisierten Gesellschaft.

Meinungsbildungskompetenz bezeichnet die Fähigkeit, Informationen zu kontextualisieren, auf Basis des eigenen Wissenshorizontes zu bewerten sowie damit verknüpfte gesellschaftliche und ethische Fragestellungen zu reflektieren. Ziel ist es, einen eigenen Standpunkt bzw. eine Haltung als individuelle stabile Position zur Gesellschaft und zur Welt zu entwickeln. Meinungsbildung wird dabei als ein Prozess verstanden, in dem die Beurteilung der erhaltenen Informationen und der damit verknüpften Sachverhalte immer wieder überprüft wird. Meinungsbildungskompetenz basiert auf der Informationskompetenz als methodischem Wissen und erfordert zudem die Fähigkeit des Zuhörens sowie dialogische Intelligenz.

Warum diese Fähigkeiten in den Bildungsplänen berücksichtigt werden sollten, welche Aspekte sie umfassen und wie sie narrativ vermittelt werden kann, soll im Folgenden näher ausgeführt werden.

2) Konfusion, Vertrauen und Informationskompetenz

Die Konfrontation mit Desinformation in den sozialen Medien kann zur Konfusion führen. Konfusion meint einen Zustand, der als „Verwirrung, Durcheinander, Verworrenheit, Unklarheit" (DWDS 2020)[4] beschrieben werden kann. Für Watzlawick (2019: 13) „ist Konfusion die Folge gescheiterter Kommunikation und hinterlässt den Empfänger in einem Zustand der Ungewissheit oder eines Missverständnisses", die mit einer „Störung der Wirklichkeitsanpassung" einhergeht. Als mögliche Verursacher der Konfusion beschreibt er Übersetzungsfehler oder widersprüchliche Äußerungen (Paradoxien), also zum einen eine fehlerhafte Übertragung der Botschaft und zum anderen eine defizitäre Struktur der Mitteilung. Konfusion kann aber auch dadurch entstehen, dass ein Gefühl der Unsicherheit darüber entsteht, inwiefern ein Kommunikationssystem als solches noch vertrauenswürdig ist. Damit wäre Konfusion auch auf der systemischen Ebene relevant.

Was bedeutet aber eigentlich Vertrauen? Vertrauen gilt als Gütekriterium von Medien und wird im Mediensektor auch mit Glaubwürdigkeit assoziiert. Etymologisch betrachtet kommt Vertrauen von „truwen" und bedeutet „fest werden". Von „glauben, hoffen und zutrauen" wurde die Bedeutung weiterentwickelt zu „Vertrauen schenken, sich trauen zu wagen". Konsens besteht in der modernen Philosophie und Soziologie, dass Vertrauen ein Sich-Verlassen auf ein Gegenüber angesichts eines ungewissen und risikohaften Ausgangs einer Handlung meint. Vertrauen spiegelt die Reduktion von Risiko sowie die Schaffung von Stabilität wider. Glaubwürdigkeit als Zeichen des Vertrauens ist ein wichtiges Gut der Medien. Wie ist es darum derzeit bestellt? Ein Großteil der Bevölkerung schenkt den Medien (insbesondere den Öffentlich-Rechtlichen und den Tageszeitungen) insgesamt nach wie vor Vertrauen. Gleichwohl wird den Medien in bestimmten Themenfeldern wenig Vertrauen geschenkt, vor allem bei den Themen „Flüchtlinge" und „Islam". Zudem zeichnet sich bei einem bestimmten Teil der Bevölkerung eine Vertrauenskrise und Polarisation ab: Etwa ein Fünftel glaubt den Medien nicht, und ein Viertel unterstellt den Medien, gemeinsame Sache mit

---

4   „Konfusion" bereitgestellt durch das Digitale Wörterbuch der deutschen Sprache, online unter https://www.dwds.de/wb/Konfusion, abgerufen am 22.03.2020.

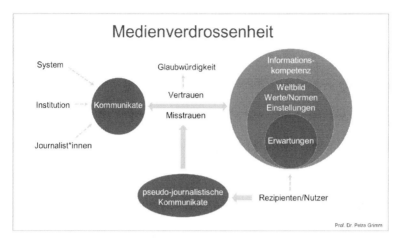

Abb. 1 Medienverdrossenheit

der Politik zu machen (vgl. Jackob et al. 2019). Anzunehmen ist, dass die Narrative der Rechtspopulisten – wie „Lügenpresse" und „Staatsfunk" – sowie deren professionellen Desinformationsstrategien für diese Vertrauenskrise bzw. Medienverdrossenheit maßgeblich verantwortlich sind. Medienverdrossenheit bezeichnet „eine negative Einstellung, die eine Unzufriedenheit mit den journalistischen Leistungen, Misstrauen sowie eine ablehnende Haltung gegenüber den Strukturen und Normen von Mediensystem, Medien als Institution oder Journalist*innen umfasst" (Fawzi/Obermaier 2019). Man kann Medienverdrossenheit als Prozess darstellen, der von verschiedenen Faktoren beeinflusst wird. Darstellungen und Ansichten, die die journalistischen Akteure äußern, treffen auf die Erwartungen der Nutzer*innen, die von ihrem Weltbild, ihren Werten und Normen sowie ihrer Informationskompetenz geprägt sind. Misstrauen in Journalist*innen und Medieninstitutionen entsteht, wenn die Erwartungen nicht befriedigt werden, was wiederum die Glaubwürdigkeit der Inhalte beeinflusst. (Vgl. Abb. 1) Das kann soweit führen, dass die klassischen Medien pauschal abgelehnt und als Lügenpresse verunglimpft werden.

Ein gegenläufiger Trend scheint sich allerdings in Krisenzeiten abzuzeichnen, so führt im Zuge der Corona-Krise die Suche nach verlässlicher Information zu hohen Einschaltquoten der TV-Nachrichten (vgl.

epd medien 12/2020: 10-11), aber auch zu höherer Zeitungsnutzung (vgl. BDVZ 2020). Dies könnte ein Indiz dafür sein, dass den klassischen Nachrichtenmedien insgesamt nach wie vor eine hohe Glaubwürdigkeit attestiert wird.

Auch Jugendliche vertrauen den klassischen Nachrichtenangeboten, insbesondere den tagesaktuellen Nachrichtensendungen der öffentlich-rechtlichen TV-Sender sowie den regionalen Tageszeitungen und den öffentlich-rechtlichen Radiosendern (vgl. mpfs 2018: 16-18). Dass sie diesen Medien Vertrauen schenken, besagt jedoch nicht, dass sie diese vorwiegend nutzen. Wie oben bereits erwähnt, sind soziale Medien eine (Haupt-)Nachrichtenquelle für Jugendliche. Analog zum Phänomen des *privacy paradox*, bei dem Denken und Handeln in Bezug auf den Schutz der Privatsphäre auseinanderklaffen, lässt sich auch ein *Informationsparadox* feststellen: Obwohl Jugendliche den sozialen Medien keine allzu große Glaubwürdigkeit attestieren, nutzen sie sie zur Information. Aktiv nach Information suchen sie im Internet allerdings relativ wenig, das Interesse an Kommunikation, Unterhaltung und Spielen rangiert weiter vorne. Nur 10 Prozent der Inhalte, die sie im Internet nutzen, dienen zur Information (vgl. mpfs 2020: 25).

Was das Vertrauen in die klassischen Nachrichtenangebote betrifft, lassen sich zudem deutliche Unterschiede hinsichtlich des Bildungsfaktors ausmachen. So zeigen generell Jugendliche mit formal höherem Bildungsniveau ein deutlich größeres Vertrauen in die meisten Nachrichtenangebote, während Jugendliche mit niedrigerem Bildungshintergrund dazu tendieren, Nachrichtensender der Privaten oder Angebote mit Boulevardcharakter mehr als Jugendliche mit höherem Bildungsniveau zu vertrauen (vgl. mpfs 2018: 18). Dieser Befund deutet darauf hin, dass ein Digital Divide, also eine digitale Kluft, hinsichtlich der Informationskompetenz der Jugendlichen besteht. Dass Jugendliche unterschiedliche herkunftsbedingte Kompetenzstufen hinsichtlich des Umgangs mit Informationen im Netz haben, zeigen auch die Befunde der Studie ICILS 2018 #Deutschland. Demnach ist nur ein geringer Teil der Achtklässler*innen „in der Lage, Informationen selbstständig zu ermitteln, sicher zu bewerten und daraus anspruchsvolle Informationsprodukte zu erzeugen. Ein Drittel (33,2 Prozent) der Schülerinnen und Schüler in Deutschland erreicht in ICILS 2018 nur die unteren beiden Kompetenzstufen I und II (…) und verfügt damit nur über sehr geringe mittlere computer- und informationsbezogene Kompetenzen." (Eickelmann et al. 2019: 131) Jugendliche dieser beiden Kompetenzstufen sind nicht in der Lage, Informationen aus dem Internet zu hinterfragen und einzuordnen. Sie würden laut Eickelmann (Deutschlandfunk 2019) auch nicht rechtspopulistische Inhalte und/oder Fake News als solche erkennen. Zu einem ähnlichen Ergebnis kommt eine Studie des Instituts für Jugendkulturforschung (2016), wonach ein Großteil der Jugendlichen sich nicht sicher ist, ob die Informationen im Internet richtig oder falsch sind. Die Überprüfungsstrategien sind eher defizitär: Die Recherchen sind meist sehr oberflächlich, außerdem tendieren die Jugendlichen dazu, innerhalb kurzer Zeit abzuschweifen und ihr Ziel damit aus den Augen zu verlieren. Headlines werden überflogen, die Artikel selbst nicht gelesen und eine Quelle reicht meistens aus. Einen deutlichen Vertrauensvorschuss geben sie Bildern, insbesondere Videos, denn die „zeigen, was wirklich passiert ist". Dass Videos aus dem Kontext gerissen sein können, falsch verortet oder nur einen Teil des Geschehens zeigen, ist ihnen nicht immer bewusst. Ein Mangel an Informationskompetenz ermittelte auch die US-amerikanische Studie Students' Civic Online Reasoning (Breakstone et al. 2019): Ein Großteil der befragten High-School-Schüler*innen ist nicht in der Lage, Quellen von Videos zu identifizieren, die Herkunft einer Website einzuschätzen oder Werbung von redaktionellen Angeboten zu unterscheiden. Eine mangelnde Informations- und Werbekompetenz, insbesondere bei camouflierter Werbung, die sich im redaktionellen Gewand versteckt, attestiert auch die Studie „Mit Kindern unterwegs im Internet": Durch neue Werbeformen im Internet, wie das Native Advertising, also Werbeanzeigen, die im gleichen Stil wie redaktionelle Beiträge gestaltet sind, verschwimmt der klare Unterschied zwischen Nachricht und Werbung. Besonders schwer tun sich Kinder, Werbung als solche zu erkennen, wenn sie im Design dem redaktionellen Teil gleicht (Grimm 2014).

Jugendliche dabei zu unterstützen, selbstbestimmt Informationen zu suchen, zu filtern, Medien und Quellen zu bewerten und einzuordnen sowie sie auf Relevanz und Wahrheitsgehalt hin zu bewerten, erscheint angesichts der oben beschriebenen Befunde ein wichtiges Bildungsdesiderat. Zudem sollten sie aber auch dazu motiviert werden, die Lust an der Suche nach Wahrheit zu entwickeln und sich über die Folgen von Desinformation Gedanken zu machen.

3) Leben wir in einer post-wahrhaftigen Zeit?

Das Problem der Wahrheit ist in der Philosophie seit der Antike in vielfacher Weise beschrieben und diskutiert worden. Wahrheit wird als absoluter Wert eingestuft. Allerdings verhält es sich mit der Wahrheit wie mit dem Glückspilz: Es gibt ihn nicht, aber wir wissen, was damit gemeint ist und wann jemand als Glückspilz bezeichnet werden kann. Das heißt, eine objektive Wahrheit ist eine Idee, eine Vorstellung, ein Ideal, also ein Wert, der angestrebt wird, auch wenn Wahrheit an und für sich nicht existiert. Gleichwohl halten wir etwas *für wahr* und haben hierfür Regeln und Bezugssysteme vereinbart, die jedoch kulturell und historisch divergieren (können). Für eine Person, die einem indigenen Stamm in Papua-Neuguinea angehört, kann z. B. etwas für wahr gelten, was für eine Person, die in einem westlichen Industrieland aufgewachsen ist, als falsch gilt. Während früher als wahr galt, dass die Erde eine Scheibe ist, ist dies heute nicht mehr der Fall. Für jemanden, der einen Schlaganfall hatte, ist der Essensteller leer, obgleich auf der einen Seite des Tellers noch Essen liegt. Natürlich könnte man diese eingeschränkte Wahrnehmung als Abweichung verstehen. Gleichwohl sind auch Gesunde in ihrer Erkenntnisfähigkeit eingeschränkt. Wahrheit ist eine Relation zwischen Bewusstsein bzw. Sprache und einem „etwas". Wahrheit ist an ein Referenzsystem gebunden, in früheren Zeiten war die Religion das dominante Referenzsystem, heute ist es die Wissenschaft. Ohne ein konsensfähiges Referenzsystem können wir uns nicht auf „Wahres" und „Falsches" intersubjektiv einigen.

Der Wille zur Wahrheit – und damit ist die *Wahrhaftigkeit* gemeint – ist die Grundlage jeder erfolgreichen Kommunikation: Wenn ich nicht darauf vertrauen kann, dass mein Gesprächspartner mir „Wahres" mitteilen will, kann ich mich mit ihm auf nichts verständigen. Eine Gesellschaft, in der nur Lügner miteinander reden, würde in sich zerbrechen, da sie handlungsunfähig wäre. Um handlungsfähig zu sein, brauchen wir also erstens eine Übereinkunft, was wir als „Tatsachen" einstufen, und zweitens einen Diskurs, in dem wir die jeweiligen Interpretationen der Wahrheit miteinander aushandeln. So ist es erstens eine Tatsache, dass das Virus Sars-CoV-2 existiert. Zweitens müssen wir aber diskursiv aushandeln, welche Wahrheit(en) bzw. Perspektiven zur Geltung kommen sollen: Aus Sicht des Virologen ist ein „Lockdown" für die Bürger*innen bzw. ein „Shutdown" für die Wirtschaft nötig, bis eine weitflächige Immunisierung erfolgt ist. Konsistent wäre hingegen aus Sicht des Ökonomen, die Wirtschaft zu stabilisieren. Eine utilitaristische Extremposition hierzu ist die des Finanzmanagers Alexander Dibelius: „Besser eine Grippe als eine kaputte Wirtschaft." Er stellt die Frage: „Ist es richtig, dass zehn Prozent der wirklich bedrohten Bevölkerung geschont, 90 Prozent samt der gesamten Volkswirtschaft aber extrem behindert werden, mit der unter Umständen dramatischen Konsequenz, dass die Basis unseres allgemeinen Wohlstands massiv und nachhaltig erodiert?" (OOZ 2020) Aus Sicht des Psychologen und Soziologen ist der „Lockdown" eine Belastung für soziale und familiäre Beziehungen und psychisch Instabile. Welche Wahrheit hat nun ein Vorrecht? Das Referenzsystem dieser drei Positionen ist die jeweilige wissenschaftliche Disziplin. Eine freie Gesellschaft bedarf der Aushandlung von Wahrheiten. Damit dies gelingt, braucht es Medien, die die Tatsachen und Vielfalt der Perspektiven vermitteln und die Sachverhalte einordnen. Dazu müssen sie dem Prinzip der Wahrhaftigkeit, das nach Williams (2013: 131ff.) durch Aufrichtigkeit und Genauigkeit gekennzeichnet ist und das im journalistischen Kontext auch als „Sorgfalt" beschrieben wird, verpflichtet sein. Das Prinzip der Wahrhaftigkeit als Ausdruck des Willens zur Wahrheit in einer nur subjektiv wahrnehmbaren Welt hat schon Lessing beschrieben. Wir können nicht im Besitz einer vollständigen Wahrheit sein, sondern letztlich nur Teilansichten erkennen: „Nicht die Wahrheit, in deren Besitz irgend ein Mensch ist, oder zu seyn vermeynet, sondern die aufrichtige Mühe, die er angewandt hat, hinter die Wahrheit zu kommen, macht den Werth des Menschen. Denn nicht durch den Besitz, sondern durch die Nachforschung der Wahrheit erweitern sich seine Kräfte, worinn allein seine immer wachsende Vollkommenheit bestehet." (Lessing 1778/1979: 33)

Aber wie steht es derzeit um die Wahrhaftigkeit? Meine These lautet, dass wir derzeit einen deutlichen Trend zu einer post-wahrhaftigen

Phase erleben, in der sowohl durch Desinformationen in den Medien als auch durch das Verhalten einflussreicher politischer Machthaber, wie z. B. Donald Trump, das Prinzip der Wahrhaftigkeit massiv geschwächt wird: Tatsachen und das Referenzsystem der Wahrheit, die Wissenschaft, sowie der Diskurs über die Vielfalt der Perspektiven verlieren an Bedeutung. Galt vormals: Über Meinungen kann man streiten, aber nicht über Tatsachen. So gilt jetzt: Über Tatsachen lässt sich streiten. In Echokammern, ob online oder offline, legt man sich seine eigene „Wahrheit" zurecht. So entsteht für viele eine generelle Unsicherheit darüber, was noch zu glauben ist. Geglaubt wird dann, was ohnehin der eigenen Überzeugung entspricht. Liegt eine solche Bestätigungsverzerrung („Confirmation Bias") vor, sind wir nicht mehr geneigt, Informationen, die unserer Meinung entgegenlaufen, noch zu hören. In diesem Klima der Unsicherheit haben *gefühlte* Wahrheiten Konjunktur. Fehlt es zudem an Medien, die für eine Mehrheit der Bevölkerung als glaubwürdig gelten und dem Gebot der Wahrhaftigkeit, Aufrichtigkeit und Sorgfalt verpflichtet sind, somit als Wahrheitsträger firmieren, dann entsteht, wie z. B. in den USA, ein *Quellenkrieg* über „Tatsachen". Jede*r bezieht sich auf ihre/seine Quelle: Lügen und Fakes können zu „Tatsachen" werden.

Aber was ist eigentlich eine Lüge? Wir haben es hier mit einem Begriff zu tun, der mehrrelational ist: Eine Person hält etwas für wahr, das heißt sie bezieht sich auf etwas, was aus ihrer Sicht als Wahres gilt, das sie aber in der Kommunikation mit einem anderen negiert, um diesen mit ihrer Äußerung zu täuschen (vgl. Abb. 2).

Susanne Dietz (2017: 22) definiert Lüge als „bewusster, aber verdeckter Widerspruch zwischen Aussage und innerem Fürwahrhalten, der verdeckten weiter reichenden Absichten dient". Aurelius Augustinus unterschied in seinem bekannten Werk „De mendacio", dt. „Die Lüge", noch eine weitere Art der Lüge, die für unsere heutige Zeit besonders relevant ist: „Es besteht ja ein Unterschied zwischen einem Menschen, der lügt, und einem verlogenen Menschen. Denn einer, der lügt, ist auch, wer lügt, ohne es zu wollen. Der verlogene Mensch aber liebt es zu lügen und fühlt sich zu Hause in der Freude am Lügen." (Augustinus 2013: 101) Solche Menschen lügen, „weil sie sich über die Täuschung an sich freuen" (ebd.). Letztere Form der Lüge könnte man

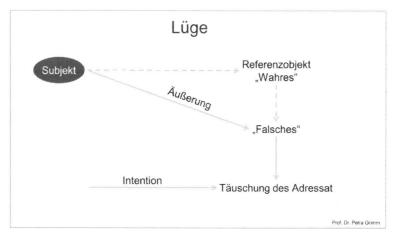

Abb. 2

heute als das typische Verhalten von Trolls im Netz interpretieren, die ja aus Lust am Lügen gerne Falsches verbreiten. Gemeinsam ist diesen Definitionen, dass als Referenz der Lüge das Fürwahrhalten eines Sachverhalts vorausgesetzt wird. Harry Frankfurt unterscheidet davon den „Bullshit". Während ein Lügner sich noch an der Wahrheit orientiert, indem er sie negiert, ignoriert der Bullshitter die Anforderungen in Gänze: „Er steht weder auf der Seite des Wahren noch auf der des Falschen. Anders als der aufrichtige Mensch und als der Lügner achtet er auf die Tatsachen nur insoweit, als sie für seinen Wunsch, mit seinen Behauptungen durchzukommen, von Belang sein mögen. Es ist ihm gleichgültig, ob seine Behauptungen die Realität korrekt beschreiben. Er wählt sie einfach so aus oder legt sie sich so zurecht, dass sie seiner Zielsetzung entsprechen." (Frankfurt 2014: 41) Damit beschreibt er im Grunde das Verhalten derer, die das Prinzip der Wahrhaftigkeit außer Kraft setzen möchten und die die Presse als „Lügenpresse", den öffentlich-rechtlichen Rundfunk als „Staatsfunk" oder wie Trump in den USA die liberalen Medien als „Fake-News" titulieren. Es geht den Bullshittern dieser Welt nicht um Wahres oder Falsches, sie verfolgen allein das Ziel, ihre Interessen durchzusetzen, und dazu gehört u. a. auch, die Qualitätsmedien als unglaubwürdig darzustellen.

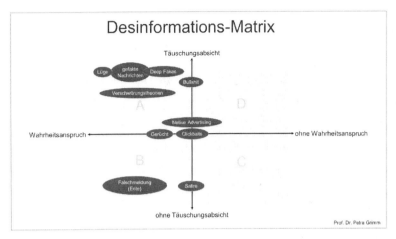

Abb.3

Welche Formen der Desinformation lassen sich bezogen auf die heutige Zeit unterscheiden? Wie meine Matrix (vgl. Abb. 3) zeigt, sind verschiedene Formen der Desinformation zu differenzieren, gleichwohl weisen sie teilweise Unschärfen bei der Abgrenzung auf. In einer Matrix mit den Parametern *Wahrheitsanspruch* und *Täuschungsabsicht* lassen sich im ersten Feld A die sog. Fake News, oder besser gefakte Nachrichten, identifizieren: Bezeichnend für sie ist die *Intention* zu täuschen, um damit die öffentliche Meinungsbildung in ihrem Sinn zu beeinflussen. „Das drückt sich auch bereits im Begriff *fake* aus, der anders als *false* nicht *falsch* bedeutet, sondern *fälschen, fingieren, erfinden, imitieren* meint (Neef 2019: 107). Bei Fake News handelt es sich nicht um klassische Falschmeldungen oder „Enten" im Journalismus, die auf ungewollte journalistische Fehler zurückgehen, denn ihnen fehlt die Absicht. Falschmeldungen liegen demnach im Feld B. Ohne Täuschungsabsicht ist auch die Satire, ihr Wahrheitsanspruch ist ambivalent, da sie sich einerseits auf eine reale Person bzw. Realität bezieht, diese aber, wie das berühmte Bonmot besagt, „bis zur Kenntlichkeit entstellt"; sie liegt auf der Grenze zwischen Feld B und C. Zu finden ist Satire beispielsweise auf der Online-Seite „Der Postillon"[5]. Der wie ein journalistisches

---

5 Vgl. https://www.der-postillon.com/.

Medium aufgemachten Publikation geht es darum, mittels Ironie und Persiflage gesellschaftliche und politische Missstände zu entlarven.

Gefakte Nachrichten sind keine Irrtümer, abweichende Meinungen oder Fehleinschätzungen der Autoren. Sie sind beabsichtigte Irreführungen, auch wenn sich die Grenzen zwischen einseitiger Betrachtung, bewusster Auslassung relevanter Fakten und offener Lüge nicht immer trennscharf ziehen lassen. Die Lüge liegt direkt neben den Fakes, ist aber nicht identisch mit ihnen, da der Begriff der *Lüge* viel weiter gefasst wird: So kann die Lüge im Gegensatz zu Fakes in bestimmten Fällen sogar moralisch begründet sein, wenn z. B. dadurch ein Menschenleben gerettet werden kann.[6] Fakes hingegen sind moralisch nicht begründbar, ihre Absicht ist immer eine negative, sie wollen die öffentliche Meinung manipulieren. Den Absendern von Fake News geht es nicht um Berichterstattung. Sie verbreiten Nachrichten, die verzerren oder gänzlich falsch sind, um ein politisches Ziel zu erreichen oder schlicht um Reichweite zu erzielen. Eine weitere Form der Desinformation sind Fakes in visueller Form, sei es, dass Fotos aus dem Kontext gerissen oder bearbeitet werden, sei es, dass Videos mit auf künstlicher Intelligenz basierenden Computerprogrammen manipuliert werden, wie dies bei „Deepfakes" der Fall ist. Bei Deepfakes können Gesichter getauscht werden, Personen Worte in den Mund gelegt werden, die sie so nie gesagt haben, und sie können bei Handlungen gezeigt werden, die sie so nie gemacht haben (Laaf 2019). Besonders beliebt sind diese mithilfe großer Datenmengen und künstlicher neuronaler Netzwerke hergestellten Videos in Parodien und Pornos sowie in der Film- und Computerspieleindustrie. Welches Irritations- und Manipulationspotenzial Deepfakes haben können, wenn sie für politische Propaganda und zu Wahlkampfzwecken eingesetzt werden oder den politischen Gegner diskreditieren sollen, lässt sich derzeit nur vage erahnen. Wenn Fotos oder Videos manipuliert oder aus dem Kontext gerissen werden, sind Nutzer*innen besonders leicht zu verunsichern. Mit ein Grund dafür dürfte sein, dass wir seit geraumer Zeit einen „visual turn" in den Medien erleben, das heißt, Bilder werden mehr favorisiert als (lange) Texte. Bil-

---

6 Entgegen dieser Auffassung gibt es in der Geschichte des Lügendiskurses auch Positionen, die Notlügen rigoros moralisch ablehnen, wie z.B. die von Immanuel Kant, Thomas von Aquin oder auch Augustinus. Vgl. hierzu Dietz 2017, Lotter 2017, Eco 2019.

dern vertraut man mehr, und Fakes, die mit vermeintlich authentischen Bildern angereichert werden, gewinnen damit an Überzeugungskraft und nicht selten auch an Aufmerksamkeit, so dass sie sich schnell verbreiten können. Ein Beispiel hierfür ist das mittlerweile prominent gewordene Fledermaussuppen-Bild: Nach dem Ausbruch der Corona-Virus-Epidemie in China wurde ein Video ins Netz gestellt, das zeigt, wie eine junge Chinesin eine Fledermaussuppe isst. Die Aussage: In Wuhan ist Fledermaussuppe eine populäre Mahlzeit und wahrscheinlich der Auslöser der Epidemie. Das Video entstand jedoch gar nicht in China, sondern auf Palau, einem Archipel im westlichen Pazifik. Es zeigt eine chinesische Influenzerin, die das Video bereits 2016 aufnahm und 2017 postete.[7]

Ebenso gehören Verschwörungstheorien in das Feld A der Täuschungsabsicht mit vermeintlichem Wahrheitsanspruch. Dabei handelt es sich um Erzählungen, die sich meistens als aufklärerisch geben, indem sie angeblich *die wirkliche* Wahrheit hinter der öffentlich geteilten Wahrheit erzählen wollen. Neben Erzählungen aus dem rechtsextremen bzw. rechtspopulistischen Feld, die als „toxische Narrative" eingestuft werden können (Amadeu Antonio Stiftung 2017), finden sich auch solche, die aus monetären Motiven verbreitet werden, z. B. um Aufmerksamkeit für ihre angeblich wirksamen Heilmittel gegen Corona zu generieren. Oftmals beabsichtigen sie, die Glaubwürdigkeit liberaler demokratischer Regierungen infrage zu stellen: So kursiert z. B. in den sozialen Medien die Verschwörungstheorie, dass die Bundesregierung schon lange von der Pandemie gewusst hätte und diese einen Geheimplan habe. Auch autokratische Regierungen wie China oder Russland setzen in Bezug auf den SARS-CoV-2-Virus Verschwörungstheorien in die Welt. Zum Beispiel lancierte Chinas Außenministerium und in der Folge die staatliche „Global Times" das Narrativ, dass ursprünglich das US-Militär das Virus nach Wuhan gebracht hätte (vgl. Deuber 2020). Das Gefährliche an allen diesen Verschwörungsgeschichten ist, dass sie von der Wirkmächtigkeit der *Narrative* profitieren, denn an diese *Erzählungen* kann man sich leicht erinnern, sie werden leichter im Gedächtnis gespeichert und können jederzeit wieder abgerufen werden.

---

7 Vgl. https://www.mimikama.at/allgemein/coronavirus-verbreitung-durch-fledermaussuppe-faktencheck/.

Das Gerücht ist eine weitere Form der Desinformation. Ob es wahr ist oder nicht, ist nicht entscheidbar, wenngleich der Spruch „Wo Rauch, da ist auch Feuer!" implizit eine Wahrheitsvermutung signalisiert. Eine weitere Spielart der Manipulation ist das Native Advertising. Werbung kommt hier im journalistischen Gewand daher, erst bei genauerem Hinsehen ist sie als solche erkennbar. „Clickbaits", also Klickköder, die durch reißerische Headlines die Aufmerksamkeit auf sich ziehen, liegen direkt in der Mitte. Da häufig nur Headlines gelesen werden, ist auch deren Desinformationspotenzial problematisch.

Was verbirgt sich hinter den bislang skizzierten Formen der Desinformation? Zuerst ist vorauszuschicken, dass Desinformation (bis auf Satire und Falschmeldung) auf Manipulation ausgelegt ist, also ein Mittel für bestimmte Zwecke ist. Manipulation ist selbst ein komplexer Vorgang, der verschiedene Formen umfasst. Im alltäglichen Verständnis wird Manipulation zumeist moralisch negativ assoziiert. Bei genauerem Hinsehen ist aber Manipulation nicht immer unethisch. Sie kann auch in bestimmten Fällen, wie z. B. im erotischen Kontext, oder aber, wenn Manipulation in seiner etymologischen Bedeutung gemeint ist, lat. im Sinne von „jemand an die Hand zu nehmen", zu dessen Vorteil sein. Alexander Fischer versteht dementsprechend „Manipulation als eine Form der Einflußnahme (…), die sich dadurch auszeichnet, dass der Manipulator jemanden eine Wahl treffen lässt, die dem Manipulierten trotz der zugrundeliegenden Manipulation dennoch als freie Wahl erscheint" (Fischer 2017: 31). Gleichwohl ist hier zu entgegnen, dass im Informationsbereich eine solche scheinbare freie Wahl der Rezipient*innen ja gerade nicht existiert, allein schon deshalb, weil ihm bzw. ihr *gar keine* Wahl zugestanden wird.

Welches Menschenbild liegt denen zugrunde, die andere manipulieren und damit den Trend zu einer post-wahrhaftigen Epoche der Nachrichtenwelt befeuern? Spätestens seit der Aufklärung hat in den westlichen Gesellschaften das Bild des Menschen als rationaler, freier und würdevoller Mensch Karriere gemacht. Dieses Menschenbild massiv infrage stellt der in den frühen 1970er-Jahren aufgekommene Behaviorismus, dessen berühmtester Vertreter der Psychologe Burrhus Frederic Skinner war. Er vertrat die Auffassung, dass das Konzept von Freiheit und Würde ad acta gelegt werden müsse, um die von Menschen verursachten Probleme der Welt in den Griff zu bekommen. Verhaltenslenkung, also Manipulation, sei die einzige Methode, um den von Affekten, Automatismen und Irrationalitäten geprägten Menschen zu seinem eigenen Wohl und dem der Gesellschaft zu veranlassen. Für ihn ist das Konzept des „autonomen Menschen" nicht mehr zeitgemäß: „Seine Abschaffung ist seit langem überfällig. Der ‚autonome Mensch' ist ein Mittel, dessen wir uns bei der Erklärung jener Dinge bedienen, die wir nicht anders erklären können. Es ist ein Produkt unserer Unwissenheit, und während unser Wissen wächst, löst sich die Substanz, aus der er gemacht ist, immer mehr in Nichts auf." (Skinner 1973: 205) Solche Ansätze moderner Verhaltenswissenschaft ignorieren das von Kant geprägte Vernunft- und Autonomieprinzip des Menschen wie auch das Befähigungskonzept der Affektregulierung aristotelischer bis neoaristotelischer Prägung. Sicherlich haben sich in unserer Gesellschaft solche Ansätze einer manipulativen Verhaltenslenkung der Bürger*innen im politischen Feld bislang nicht durchgesetzt. Allerdings operieren rechtspopulistische Gruppierungen genau nach diesem Muster. Ihren Desinformationsstrategien liegt ein defizitäres Menschenbild zugrunde, Menschen gelten als instrumentalisier- und steuerbar. Der Wunsch der Menschen, komplexe Sachverhalte zu verstehen, einordnen und bewerten zu können, wird damit korrumpiert. Desinformation zerstört die Wurzeln rationaler Kommunikation und Orientierung und unterminiert das Vertrauen in wahrhaftige Informationsmedien.

4) Welcher Impfstoff hilft gegen Desinformation?

Für eine Immunisierung gegen Desinformation des Einzelnen erscheint sowohl die Förderung einer Informations- als auch einer Meinungsbildungskompetenz hilfreich. Aber wie kann dies gelingen? Einen möglichen Impfstoff kann die narrative Ethik (Grimm 2019) bieten. Sie setzt sich mit Geschichten auseinander, entwickelt Geschichten, analysiert Geschichten mittels der narratologischen Methode (Müller/Grimm 2016) und reflektiert diese hinsichtlich ihrer ethischen Relevanz. Eine Geschichte, die zu den „10 Geboten der Digitalen Ethik" im Booklet (2020, zweite Fassung) zum dritten Gebot „Glaube nicht alles, was Du online siehst, und informiere Dich aus verschiedenen Quellen" mit Studierenden der Hochschule der Medien entwickelt wurde, lautet wie folgt:

> *Nach seinem Abitur will Max durch Südamerika reisen. Schon mehrere Monate vor Reisestart beginnt er mit der Planung und kommt mit dem Thema „Impfungen" in Berührung. Das Auswärtige Amt empfiehlt dringend eine Gelbfieberimpfung, da Stechmücken dort tödliche Infektionen übertragen können. Max erinnert sich an einen Film auf YouTube, den er vor einigen Tagen gesehen hat. In diesem behauptet ein Arzt, dass die Mumps-Masern-Röteln-Impfung zu Autismus führe. Max entscheidet sich, lieber das Risiko einer Infektion einzugehen, als an den Nebenwirkungen einer Impfung zu leiden. Schnell verbreitet sich Max' Meinung in seiner Klasse. Daraufhin schickt ihm sein bester Freund Links zu Artikeln, die die Meinung des Arztes widerlegen. Max erfährt, dass die Behauptung des Arztes eine Falschmeldung ist und unzählige Male widerlegt wurde. Dem Arzt wurde aus diesem Grund sogar bereits seine ärztliche Zulassung entzogen. In Zukunft will Max sich ausführlicher informieren.*

Analysiert man die narrative Struktur der obigen Geschichte, dann ist ersichtlich, dass Max, der Held dieser Geschichte, sich wegen des YouTube-Videos in Gefahr bringt, auf seiner geplanten Südamerikareise schwer zu erkranken. Anstelle der wissenschaftlich anerkannten Meinung zu glauben, sich gegen Gelbfieber prophylaktisch impfen zu sollen, vertraut er einer unseriösen Quelle. Damit begibt er sich in den semantischen Raum der „Tatsachenleugnung" und „Lüge". Erst durch seinen Freund, der ihm helfen möchte und ihn von seinem Irrglauben abbringen will, indem er ihm seriöse Informationen zukommen lässt, kann er wieder in den Raum der „Wahrheit und Evidenz" zurückkehren. Ethische Reflexionsfragen lassen sich von dieser Erzählung auf vielfältige Weise ableiten, wie beispielsweise: Warum glaubt Max dem YouTube-Video? Was bezwecken solche Videos? Welche Folgen hat ein solches Video? Würde jede*r wie sein Freund handeln? Warum brauchen wir glaubwürdige Quellen? Inwiefern sind wissenschaftliche Aussagen für die „Wahrheitsfindung" wichtig? Ist man selbst schon einmal in der Rolle von Max gewesen?

Eine Geschichte, die weitaus komplexer gestaltet ist als die von Max, ist die des Films „Die Verleugnung" (GB/USA 2016, Mick Jackson). Der Film bezieht sich auf einen authentischen Fall, wonach der Historiker und Holocaust-Leugner David Irving die amerikanische Universitätsprofessorin Deborah Lipstadt wegen Verleumdung verklagte. Dabei stand einiges auf dem Spiel: Wenn Irving den Prozess gewonnen hätte, wäre der Holocaust als historischer Fakt verhandelbar und quasi zur Ansichtssache geworden. Der Film behandelt im Kern die Frage, ob wir in einer post-wahrhaftigen Zeit leben. Im Unterschied zu George Orwells „1984", der zeigt, wie ein autoritärer Staat das Wahrheitsprinzip als solches vernichtet, problematisiert „Die Verleugnung", wie fragil in unserer Gesellschaft das Wahrhaftigkeitsprinzip durch die „Tatsachenleugner", vor allem aus dem rechtsextremen Feld, geworden ist. Die Heldin des Films, Deborah Lipstadt, vertritt die Position, dass man über Meinungen streiten könne, aber nicht über Tatsachen. Der Film stellt genau diese These zur Diskussion, um dann letztlich die Tatsachen über die Meinungen im Rechtsstreit gewinnen zu lassen. Bevor dieses Urteil zugunsten von Lipstadt fällt, stellt der Richter allerdings die brisante Frage, ob ein Leugner des Holocausts als Lügner bezichtigt werden kann, wenn er tatsächlich das Falsche *für wahr hält*. Im Grunde problematisiert der Richter damit die Frage nach der Subjektivität der Wahrheit bzw. Lüge und wie wir zu einem Konsens über das Wahre gelangen. Diese kann immer nur mittels einer intersubjektiven Bewertung, die auf einem als evident geltenden Referenzsystem beruht, beantwortet werden. Im Film sind es die historischen Dokumente und schlüssigen Beweise, die der Bewertung zugrunde liegen. Insgesamt eignet sich der Film sehr gut, um die Frage „Was ist wahr und wann ist etwas wahr?" zu reflektieren. Zugleich veranschaulicht er auch, welche Mechanismen Holocaustleugner anwenden, um Tatsachen zu verdrehen und Zweifel über Evidentes zu säen.

Um Vertrauen in die (Nachrichten-)Medien und in die liberale Demokratie trotz aufflackernder Infodemien zu sichern, sollten wir auf der gesellschaftlichen Makro-Ebene, der Meso-Ebene der Unternehmen und Organisationen sowie der Mikro-Ebene der Nutzer*innen über folgende Fragen nachdenken:

Auf der gesellschaftlichen Makro-Ebene:

- Wie können wir Qualitätsjournalismus schützen und unterstützen?
- Was können wir gegen einen post-wahrhaftigen Trend tun?
- Wie kann ein Diskurs über die Folgen von Desinformation initiiert werden?

Blicken wir auf die Meso-Ebene der Unternehmen und Institutionen, dann stellen sich andere ethische Fragen:

- Wie können Digitalkonzerne verpflichtet werden, Desinformation zu unterbinden?
- Was können die Medien gegen Medienverdrossenheit tun?

Und in Bezug auf die Bildungsinstitutionen:

- Wie kann medienethische Informations- und Meinungsbildungskompetenz in der Bildung gefördert werden?
- Haben diese Kompetenzen in den Bildungsplänen ausreichend Relevanz? Welche Ressourcen (Materialien, Zeit und Räume) stehen zur Verfügung?
- Wie können diese Kompetenzen niedrigschwellig vermittelt werden?

Ethische Reflexionsfragen stellen sich aber auch in Bezug auf die Mikroebene der Nutzer*innen:

- Wie erkenne ich Desinformation?
- Was sind die Kriterien für journalistische Qualität und wie erkenne ich sie?
- Welche Verantwortung habe ich, wenn ich Fakes weiterleite?
- Warum ist die Suche nach Wahrheit wichtig?

Und als narrative Ethikerin möchte ich natürlich mit einer kleinen Geschichte enden, die ich hiermit weitergebe: „Die drei Siebe des Sokrates", die wahrscheinlich auf Platons „Apologie des Sokrates" zurückgeht. Auch wenn sie eine fingierte Geschichte ist – zur Reflexion von Wahrheit eignet sie sich besonders gut:

Einst wandelte Sokrates durch die Straßen von Athen. Plötzlich kam ein Mann aufgeregt auf ihn zu. „Sokrates, ich muss dir etwas über deinen Freund erzählen, der..." „Warte einmal" unterbrach ihn Sokrates. „Bevor du weitererzählst – hast du die Geschichte, die du mir erzählen möchtest, durch die drei Siebe gesiebt?" „Die drei Siebe? Welche drei Siebe?" fragte der Mann überrascht. „Lass es uns ausprobieren", schlug Sokrates vor. „Das erste Sieb ist das Sieb der Wahrheit. Bist du dir sicher, dass das, was du mir erzählen möchtest, wahr ist?" „Nein, ich habe gehört, wie es jemand erzählt hat." „Aha. Aber dann ist es doch sicher durch das zweite Sieb gegangen, das Sieb des Guten? Ist es etwas Gutes, das du über meinen Freund erzählen möchtest?" Zögernd antwortete der Mann: „Nein, das nicht. Im Gegenteil…" „Hm", sagte Sokrates, „jetzt bleibt uns nur noch das dritte Sieb. Ist es notwendig, dass du mir erzählst, was dich so aufregt?" „Nein, nicht wirklich notwendig", antwortete der Mann. „Nun" sagte Sokrates lächelnd, „wenn die Geschichte, die du mir erzählen willst, nicht wahr ist, nicht gut ist und nicht notwendig ist, dann vergiss sie besser und belaste mich nicht damit!"

Literatur

Amadeu Antonio Stiftung (Hrsg.) (2017): Toxische Narrative. Monitoring rechts-alternativer Akteure. Online: https://www.amadeu-antonio-stiftung.de/w/files/publikationen/monitoring-2017.pdf. Stand: 30.03.2020.

Arendt, Hannah (2019): Wahrheit und Politik. In: Dies.: Wahrheit und Lüge in der Politik. München: Piper, S. 44–92.

Augustinus, Aurelius (2013): Die Lügenschriften. De mendacio. Die Lüge. – Ad consentium contra mendacium ad consentius. Gegen die Lüge — Ad orosium contra Priscillianistas et Origenistas. Gegen die Priszillianisten und Origenisten. Paderborn: Ferdinand Schöningh.

BDVZ (Bundesverband der Digitalpublisher und Zeitungsverleger) (2020): Digitale Reichweiten der Zeitungen steigen sprunghaft. Corona-Pandemie steigert das Bedürfnis nach vertrauenswürdigen Informationen. Pressemitteilung vom 24.03.20200. Online: https://www.bdzv.de/nachrichten-und-service/presse/pressemitteilungen/artikel/detail/digitale-reichweiten-der-zeitungen-steigen-sprunghaft/. Stand: 30.03.2020.

Breakstone, Joel et al. (2019): Students' Civic Online Reasoning. A National Portrait. Online: https://sheg.stanford.edu/students-civic-online-reasoning. Stand: 22.03.2020.

Brühl, Madeleine (2020): WHO besorgt über „Infodemie". In: Faz. net, 03.02.2020. Online: https://www.faz.net/aktuell/gesellschaft/gesundheit/coronavirus/who-spricht-bei-coronavirus-von-infodemie-16614990.html. Stand:16.03.2020.

Deuber, Lea (2020): Pekinger Propaganda-Virus. In: Süddeutsche Zeitung (e-paper), 28.03.2020, Artikel 4/8.

Deutschlandfunk (2019): Ein Drittel der Schüler könne „nur klicken und wischen". Birgit Eickelmann im Gespräch mit Manfred Götzke. Sendung vom 05.11.2019. Online: https://www.deutschlandfunk.de/digitale-kompetenz-in-der-mittelstufe-ein-drittel-der.680.de.html?dram:article_id=462726. Stand: 22.03.2020.

Dietz, Susanne (2017): Die Kunst des Lügens. Stuttgart: Reclam.

Dubois, Elizabeth/Blank, Grant (2018): The echo chamber is overstated: the moderating effect of political interest and diverse media. In: Information, Communication & Society, 21:5, S. 729–745. Online: DOI: 10.1080/1369118X.2018.1428656. Stand: 30.03.2020.

DWDS – Digitales Wörterbuch der deutschen Sprache. Das Wortauskunftssystem zur deutschen Sprache in Geschichte und Gegenwart, hrsg. v. d. Berlin-Brandenburgischen Akademie der Wissenschaften. Online: https://www.dwds.de/. Stand: 22.03.2020.

Eickelmann, Birgit et al. (2019): Computer- und informationsbezogene Kompetenzen von Schülerinnen und Schülern der 8. Jahrgangsstufe in Deutschland im zweiten internationalen Vergleich. In: Dies. (Hrsg.): ICILS 2018 #Deutschland. Computer- und informationsbezogene Kompetenzen von Schülerinnen und Schülern im zweiten internationalen Vergleich und Kompetenzen im Bereich Computational Thinking. Münster/New York: Waxmann, S. 113–135. Online: https://kw.uni-paderborn.de/fileadmin/fakultaet/Institute/erziehungswissenschaft/Schulpaedagogik/ICILS_2018__Deutschland_Berichtsband.pdf. Stand: 22.03.2020.

Eco, Umberto (2019): Auf den Schultern von Riesen. Das Schöne, die Lüge und das Geheimnis. München: Carl Hanser Verlag.

Epd medien (2020): Corona-Krise: TV-Nachrichten verzeichnen hohe Einschaltquoten. Nr. 12, 12.03.2020, S. 10–11.

Fawzi, Nayla/Obermaier, Magdalena (2019): Unzufriedenheit – Misstrauen – Ablehnung journalistischer Medien. Eine theoretische Annäherung an das Konstrukt Medienverdrossenheit. In: M&K Medien & Kommunikationswissenschaft, Jahrgang 67 (2019), Heft 1, Seite 27–44.

Fischer, Alexander (2017): Manipulation. Zur Theorie und Ethik einer Form der Beeinflussung. Berlin: Suhrkamp.

Frankfurt, Harry (2014): Bullshit. Aus dem Amerikanischen von Michael Bischoff. Frankfurt/M.: Suhrkamp.

Goldhammer, Klaus/Link, Christine/Birkel, Mathias (2019): Web-TV-Monitor 2019. Im Auftrag der BLM und LfK. Online: https://www.blm.de/files/pdf2/web-tv-monitor_2019_gesamtbericht.pdf. Stand: 29.03.2020.

Grimm, Petra (2014): Konzept eines (Online-)Werbekompetenzmodells und Handlungsempfehlungen. In: Landeszentrale für Medien und Kommunikation (Hrsg.): Mit Kindern unterwegs im Internet. Beobachtungen zum Surfverhalten – Herausforderungen für die Medienaufsicht (Jugendschutz und Werbung). Baden-Baden: Nomos, S. 182–188.

Grimm, Petra (2019): Haltung in einer digitalisierten Kindheit. Die Perspektive der narrativen Ethik. In: Stapf, Ingrid/Prinzing, Marlis/Köberer, Nina (Hrsg.): Aufwachsen mit Medien. Zur Ethik mediatisierter Kindheit und Jugend. Baden-Baden: Nomos, S. 85–99.

Hölig, Sascha/Hasebrink, Uwe (2019): Reuters Institute Digital News Report 2019. Ergebnisse für Deutschland (unter Mitarbeit von Julia Behre). Arbeitspapiere des HBI Nr. 47, Juni 2019. Online: https://hans-bredow-institut.de/uploads/media/default/cms/media/x52wfy2_AP47_RDNR19_Deutschland.pdf. Stand: 20.03.2020.

Holland, Martin (2020): Facebook: Fälschlicherweise unzählige Beiträge zum Coronavirus blockiert. In: heise online, 18.03.2020. Online: https://www.heise.de/newsticker/meldung/Facebook-Faelschlicherweise-unzaehlige-Beitraege-zum-Coronavirus-blockiert-4685087.html. Stand: 20.03.2020.

House of Commons, Digital, Culture, Media and Sport Committee (2019): Disinformation and 'fake news': Final Report. Eighth Report of Session 2017–19. Report, together with formal minutes relating to the report. Online: https://publications.parliament.uk/pa/cm201719/cmselect/cmcumeds/1791/1791.pdf. Stand: 20.03.2020.

Hovland, Carl I./Lumsdaine, Arthur A./Sheffield, Fred D. (1949): Studies in social psychology in World War II. Volume III. Experiments on mass communication. Princeton: Princeton University Press. Online: DOI:10.1037/14519-000. Stand: 20.03.2020.

Institut für Jugendkulturforschung (2016): Gerüchte im Web. Online: https://www.digitale-chancen.de/assets/includes/sendtext.cfm?aus=11&key=1430. Stand: 20.03.2020.

Jackob, Nikolaus et al. (2019): Medienvertrauen im Zeitalter der Polarisierung. Mainzer Langzeitstudie Medienvertrauen 2018. In: Media Perspektiven 5/2919, S. 210–220.

Laaf, Meike (2019): Deepfakes. Hello, Adele – bist du's wirklich? In: Zeit online, 10.11.2019. Online: https://www.zeit.de/digital/internet/2019-11/deepfakes-gefaelschte-videos-kuenstliche-intelligenz-manipulation. Stand: 27.03.2020.

Lessing, Gottholt Ephraim (1979): Theologiekritische Schriften III. Werke, hrsg. v. Herbert G. Göpfert, Band 8. München: Hanser Verlag.

Lindemann, Ann-Kathrin (2018): Der Sleeper Effekt. Theoriekritik und der Versuch eines Nachweises. Online: http://opus.uni-hohenheim.de/volltexte/2018/1451/pdf/Dr_Lindemann.pdf. Stand: 20.03.2020.

Locker, Maria-Sibylla (2017): Einleitung. Zur Genealogie der Lüge. In: Dies. (Hrsg.): Die Lüge. Texte von der Antike bis in die Gegenwart. Stuttgart: Reclam.

Ludwig, Kristiana (2019): Fake News über Whatsapp. Betrugsversuche und falsche Corona-Meldungen. In: Süddeutsche Zeitung, Nr. 63, 16.03.2020, S. 5.

Medienpädagogischer Forschungsverbund Südwest (mpfs) (2018): JIM-Studie 2018. Jugend, Information, Medien. Basisuntersuchung zum Medienumgang 12- bis 19-Jähriger. Online: https://www.mpfs.de/fileadmin/files/Studien/JIM/2018/Studie/JIM2018_Gesamt.pdf. Stand: 30.03.2020.

Medienpädagogischer Forschungsverbund Südwest (mpfs) (2020): JIM-Studie 2019. Jugend, Information, Medien. Basisuntersuchung zum Medienumgang 12- bis 19-Jähriger. Online: https://www.mpfs.de/fileadmin/files/Studien/JIM/2019/JIM_2019.pdf. Stand: 30.03.2020.

Müller, Michael/Grimm, Petra (2016): Narrative Medienforschung. Einführung in Methodik und Anwendung. Konstanz/München: UVK Verlagsgesellschaft.

Neef, Karla (2019): Fake News überall? In: Grimm, Petra/Keber, Tobias/Zöllner, Oliver (Hrsg.): Digitale Ethik. Leben in vernetzten Welten. Stuttgart: Reclam, S. 106–120.

Nussbaum, Martha (2019): Königreich der Angst. Gedanken zur aktuellen politischen Krise. Darmstadt: Wissenschaftliche Buchgesellschaft.

OOZ (Oldenburger Onlinezeitung) (2020): Corona-Krise: Investor warnt vor „unseriösen Versprechen". 23.03.2020. Online: https://www.oldenburger-onlinezeitung.de/nachrichten/corona-krise-investor-warnt-vor-unserioesen-versprechen-37140.html. Stand: 24.03.2020.

Paal, Boris P. (2018): Rechtsgutachten Intermediäre: Regulierung und Vielfaltssicherung. Im Auftrag der Landesanstalt für Medien Nordrhein-Westfalen (LfM), März 2018. Online: https://www.medienanstalt-nrw.de/fileadmin/user_upload/lfm-nrw/Foerderung/Forschung/Dateien_Forschung/Paal_Intermediaere_Regulierung-und-Vielfaltssicherung_Gutachten-2018.pdf. Stand: 23.03.2020.

Pariser, Eli (2012): Filter Bubble: Wie wir im Internet entmündigt werden. München: Hanser.

Rieger, Diana (2019): Diskussionsräume und Radikalisierungsprozesse in sozialen Medien. 09.05.2019. Online: http://www.bpb.de/politik/extremismus/rechtspopulismus/290851/diskussionsraeume-in-sozialen-medien. Stand: 23.03.2020.

Schmidt, Jan-Hinrik/Sørensen, Jannick/Dreyer, Stephan/Hasebrink, Uwe (2018): Algorithmische Empfehlungen. Funktionsweise, Bedeutung und Besonderheiten für öffentlich-rechtliche Rundfunkanstalten. Hamburg: Verlag Hans-Bredow-Institut, September 2018 (Arbeitspapiere des Hans-Bredow-Instituts Nr. 45).

Skinner, Burrhus Frederic (1973): Jenseits von Freiheit und Würde. Hamburg: Rowohlt.

Stroud, Natalie J. (2018): Selective Exposure Theories. In: Kate Kenski/ Hall Jamieson, Kathleen (Hrsg.): The Oxford Handbook of Political Communication. Online: DOI: 10.1093/oxfordhb /9780199793471.013.009_update_001. Stand: 23.03.2020.

Tauber, Jonas/Wallenfels, Matthias (2019): Folgenreiche Fake News. HPV-Impfung in Japan verteufelt. In: Ärzte Zeitung online, 06.03.2019. Online: https://www.aerztezeitung.de/Medizin/HPV-Impfung-in-Japan-verteufelt-314004.html. Stand: 22.03.2020.

Watzlawick, Paul (2019): Wie wirklich ist die Wirklichkeit? Wahn, Täuschung, Verstehen. München: Piper Verlag.

Williams, Bernard (2013): Wahrheit und Wahrhaftigkeit. Aus dem Amerikanischen von Joachim Schulte. Frankfurt/M.: Suhrkamp.

Entgeschichtlichung und Digitalisierung

Klaus Wiegerling

Wir leben in Zeiten, in denen nicht zuletzt unter dem Schlagwort ‚digital humanities' vermehrt das Heil kulturwissenschaftlichen Agierens in der Überwindung der chronisch unscharfen, auslegenden Geisteswissenschaften gesehen wird. Dass Kulturwissenschaftler so vehement ihre Selbstrechtfertigung in Methoden der erfolgreichen, politisch, ökonomisch und gesellschaftlich unterstützten datenbasierten informatischen Wissenschaft suchen, hat vielerlei Ursachen. Während man heute mit nicht wenigen Informatikern problemlos einen kritischen Dialog über informatische Methoden, deren Schwächen und Defizite führen kann, erscheint ein solcher Dialog zumindest mit einem bestimmten Typus von Kulturwissenschaftlern zunehmend schwierig. Die ‚weichen' Kulturwissenschaften stehen heute unter einem verstärkten Rechtfertigungsdruck und sind genötigt, um an die Honignäpfe der Förderung zu gelangen, Transformationen ihres Status vornehmen, während die informatischen Disziplinen quasi als Garanten des ökonomischen und gesellschaftlichen Fortschritts jeglicher Selbstrechtfertigung enthoben erscheinen. Es ist aber nicht die prekäre Situation allein, die die Kulturwissenschaften in die Fänge einer datenbasierten Wissenschaft treibt, sondern auch der Wunsch, den Relativismen einer auslegenden Wissenschaft mit informatischer Hilfe zu entkommen. Dass auch die informatischen, sozialwissenschaftlichen und naturwissenschaftlichen Disziplinen nicht um Interpretationen ihrer Gegenstände herumkommen, wird oft entweder mangels genauerer Kenntnis unterschlagen oder der Einsicht geopfert, dass die eigenen Disziplinen immer schwerer Produktivitätsnachweise erbringen können. Nur durch die Übernahme fach- und gelegentlich auch sachfremder Methoden scheint dieser Nachweis noch erbracht werden zu können.

Windelbands Unterscheidung von nomothetischen Wissenschaften, also Gesetzeswissenschaften, und idiographischen Wissenschaften, also auf Auslegungen beruhenden Ereigniswissenschaften, deren Gegenstand das bereits Geschehene ist, soll überwunden werden. Wissenschaftliche Ergebnisse sollen unabhängig von subjektiven und zeitgebundenen Ingredienzen sein, und Gesetzmäßigkeiten an objektiven Befunden intersubjektiv nachvollziehbar werden. Was wäre dazu geeigneter als eine Übernahme von Methoden der Informatik, um in skalierender und kalkulierender Weise seine Ergebnisse belegen zu können. Dass jeder Quantifizierung qualitative Bestimmungen, Wertungen, Artikulationen und Desartikulationen vorausgehen, wird dabei meistens unterschlagen.

Die Überwindung der geschichtlichen und subjektiven Gebundenheit unseres Weltzugriffs ist freilich ein altes Problem, das zu überwinden bereits Gegenstand der frühen Philosophie bzw. Wissenschaft war. Die Pythagoreer und natürlich auch Platon orientierten ihren Wahrheitsdiskurs bereits am Modell der Mathematik. Wahrheit sollte kein historisches Verfallsdatum in sich tragen.

Das Historische ist gekennzeichnet durch Veränderlichkeit bzw. Prozessualität. In der Lebensphilosophie artikuliert sich Wandel und Dynamik in zweierlei Weise, als Historie einerseits und als biologisches Leben andererseits. Prozessualität soll im Zeitalter der Digitalisierung quasi als gesetzmäßiger Ablauf erfasst werden, wozu mathematische Methoden und Modelle herangezogen werden. Doch die Erfahrung zeigt, dass die beiden wesentlichen Ausprägungen von Prozessualität, die historischen und die biologischen Dispositionen des Menschen, offensichtlich widerständig sind gegenüber unserem Willen zur Erfassung gesetzmäßiger Abläufe.

Dennoch setzt das sich an der Mathematik orientierende rationalistische Programm zur Überwindung von Geschichtlichkeit seinen Siegeszug in Zeiten der digitalen Erschließung der Welt unbehindert fort. Die Wissenschaft als Hervorbringerin und Hüterin der Wahrheit ist angetreten, in skalierender und kalkulierender Weise die historische Gebundenheit unserer Welterkenntnis zu überwinden und in den Zustand einer wahren ‚scientia perennis', also einer auf unerschütterlichen Fundamenten stehenden fortschreitenden Wissenschaft zu gelangen. Dieses Programm wurde bereits in Descartes' ‚mathesis universalis' und in Leibniz' ‚characteristica universalis' grundgelegt und immer wieder verfeinert und erneuert. Nicht zuletzt ist es Laplace, der die Idee einer vollständig berechenbaren, vergangenen und künftigen Welt formulierte, wenn es nur gelänge die Gegenwart mit all ihren Details erfassen zu können. Laplace' Idee hängen auch die Verfechter einer datengetriebenen digitalen Wissenschaft an, ließen sich mit ihr doch auch Katastrophen, Krankheiten etc. vorausberechnend, vorbeugend und abmildernd bewältigen.

Das Problem von Laplace' Programm der totalen Berechenbarkeit liegt darin, dass zum einen selbst das perfekteste kalkulierende System nur mit endlich vielen Daten operieren kann und dass es keine Möglichkeit einer totalen Skalierung der Welt gibt. Überall, wo etwas gemessen wird, wird etwas artikuliert und anderes desartikuliert. Es gibt keine Möglichkeit einer vollständigen Erfassung aller Weltelemente und aller Prozesse, die darin stattfinden, solange das Erkenntnissubjekt dem Individuationsprinzip unterliegt, also in Raum und Zeit eine bestimmte Stelle einnimmt.

Rafael Capurro hat die gegenwärtige Entwicklung in der Variation des berühmten Berkeleysatzes ,esse est percipi' mit ,esse est computari'[1] auf den Punkt gebracht. Alles, was ontologisch identifizierbar ist, alles was Gegenstand wissenschaftlicher Betrachtung werden kann, muss digitalisierbar und damit kalkulierbar sein. Was sich der Digitalisierbarkeit entzieht, liegt außerhalb jeglicher Klassifikation und Zugänglichkeit.

Das Bestreben einer Entgeschichtlichung der wissenschaftlichen Erkenntnis ist freilich mit grundlegenden Problemen verbunden, die gegenwärtig auch auf außerwissenschaftliche Felder ausstrahlen. Selbst in politischen Konzepten, die es sowohl im neoliberalen wie im linken Spektrum gibt, artikuliert sich die Idee einer historisch unbelasteten Menschheit. Die einen erhoffen eine kulturelle Durchmischung und Vereinheitlichung der Menschheit, weil damit Gegensätze und Spannungen abgebaut und gemeinsame Interessen sichtbar werden, die anderen, weil damit eine gewinnfördernde Markthomogenisierung erreicht werden kann.

Die Idee einer posthistorischen Menschheit ist zwar von Widersprüchen belastet, führt uns aber in die Sphäre einer entgeschichtlichten Gesellschaft, die sich quasi aus Jetztgenossen, nicht aus Zeitgenossen zusammensetzt[2] und die gegenwärtig durch umfassende Digitalisie-

---

1 Capurro, Rafael: Homo Digitalis – Beiträge zur Ontologie, Anthropologie und Ethik der digitalen Technik. Wiesbaden 2017.
2 Anders, Günther: Die Antiquiertheit des Menschen. Bd.1. München 1956, S. 136ff.

rungsprozesse in großen Teilen der Welt forciert wird. Der in der Tradition lebensphilosophischer Zivilisationskritik stehende Lewis Mumford schreibt 1956 in „Hoffnung und Barbarei – Die Verwandlung des Menschen"[3], dabei einige zentrale Wirkungen der digitalisierten Gesellschaft vorwegnehmend, dass das moderne Leben „ein noch vollkommeneres, perfektionierteres, narrensicheres System" hervorbringt, „das von einer bewußt und absichtlich entpersönlichten Intelligenz gehandhabt wird."[4] „In der posthistorischen Kultur ist das Leben reduziert auf vorausgeplante, maschinell programmierte und kontrollierte Vorgänge, in denen jedes unberechenbare, d.h. jedes schöpferische Moment peinlichst vermieden ist."[5] Auch wenn man Mumfords dystopischer Analyse nicht zustimmen muss und in der Digitalisierung Potentiale für eine Humanisierung der Gesellschaft sehen kann, so scheinen seine pointierten Analysen doch aktuell und die negativen Potentiale der Digitalisierung – von der fortschreitenden Entprivatisierung bis zur Entmündigung des Individuums – zuzutreffen.

Mit dem Glauben, alle naturalen, sozialen und psychischen Prozesse datafizieren, berechnen, kontrollieren und gestalten zu können, geht die chronische Unterschätzung historischer Dispositionen in Naturwissenschaft und Technik einher. Technik selbst ist in mehrfachem Sinne geschichtlich. Sie ist zum Ersten Ausdruck einer historischen Entwicklungsreihe: Das Auto kann nicht vor dem Rad erfunden werden; sie ist zum Zweiten Ausdruck einer sich wandelnden menschlichen Bedürfnislage: Erfindungen reagieren auf menschliche Bedürfnisse – was nicht bedeutet, dass es sich um allgemeine Bedürfnisse handelt, schließlich wurden viele Erfindungen gemacht, um Menschen zu kontrollieren und zu vernichten; sie ist zum Dritten in einem umfassenden Sinne selbst Ausdruck kultureller Entwicklungen. Kultur und Technik sind nicht voneinander trennbar, wie Günter Janich in seinem Konzept des methodischen Kulturalismus dargelegt hat.[6] Kulturelle Entwicklungen sind nicht von technischen Entwicklungen zu trennen.

---

3 Mumford, Lewis: Hoffnung und Barbarei – Die Verwandlung des Menschen. Frankfurt am Main 1981 (original 1956).
4 Ebenda S. 141.
5 Ebenda S. 145.
6 Janich, Peter: Kultur und Methode. Frankfurt am Main 2006.

Dabei geht es nicht nur um die Frage, wie die materielle Grundlage unseres Lebens Umgestaltungen, Differenzierungen und Erweiterungen erfährt, sondern auch um die Frage, welche sozialen und ästhetischen Techniken eine Kultur verändern. Es gibt keine untechnische Kultur, was auch für die Kultur sogenannter Naturvölker gilt. Andererseits scheinen sich einfache technische Artefakte wie herkömmliche handwerkliche Werkzeuge historischen Wandlungsprozessen zu entziehen. Aber auch sie altern, und zwar nicht nur im Sinne eines Materialverschleißes. Sie genügen dann einfach nicht mehr den Bedürfnissen einer Gesellschaft. Der Wandel ist nicht nur sozial, kulturell oder politisch bedingt, sondern ressourcen- und lebensformabhängig sowie abhängig von technischen Entwicklungslinien, die entsprechend auftretender Schwierigkeiten so umweghaft wie die Kultur selbst ist. So finden permanente Nachbesserung und Veränderung technischer Konfigurationen statt, permanente Anpassungen an eine sich wandelnde technische Infrastruktur. Kurz: unsere Kultur ist ein hochkomplexes, adaptives, soziotechnisches System, das ständig nachgebessert bzw. nachjustiert werden muss. Die Frage, ob das Soziale die Technik bedingt oder die Technik das Soziale, ist müßig und nur in einem ideologischen Sinne zu beantworten. Jedenfalls entstehen erst in unseren Tagen adaptive informatische Techniken, die sich quasi nahtlos in historische Wandlungsprozesse einzufügen scheinen, also selbst ein Medium historischen Wandels sind.

Es soll nun die Frage beantwortet werden, ob mit der allenthalben eingeforderten Digitalisierung auch eine Entgeschichtlichung unserer Kultur und unserer menschlichen Existenz einhergeht. Zur Beantwortung dieser Frage müssen wir zunächst so knapp wie möglich klären, was Geschichte, Digitalisierung und Entgeschichtlichung überhaupt bedeuten. Dabei ist es nicht möglich, auf die vielfältigen Ideen einzugehen, die unter diesen Begriffen subsumiert werden können. Es können nur exemplarisch einige davon genannt werden, die für diesen Diskurs von Relevanz sind.

Was heißt Geschichte?

Geschichte ist ein bewertetes Geschehen, nicht eine Akkumulation von Ereignissen. Selbst, wenn nur Fakten wiedergegeben werden, so werden nie alle Fakten wiedergegeben und damit die Relevanz bestimmter Fakten gegenüber anderen hervorgehoben. Geschichte als Historie ist kein individuelles Geschehen, sondern ein Geschehen, dem Relevanz für viele zugeschrieben wird. Die Individualgeschichte ist von der allgemeinen Geschichte disponiert. Sie hat sozusagen eine Erlebnisqualität und eine erzählerische Qualität. Wir erfahren und vermitteln sie in Geschichten, wobei wir, wie die ganze Gesellschaft, ein Vermittlungsprodukt sind. Individualgeschichte wie Historie als allgemeine Geschichte sind von Wertungen abhängig, wenngleich von Wertungen unterschiedlicher Art. Im Falle der Individualgeschichte finden Bewertungen nach Stimmungen, subjektiven Präferenzen und Willensbekundungen statt, im Falle der Geschichte als Historie sind allgemeine Wertnahmen von Relevanz, die einem intersubjektiven Aushandlungsprozess oder einem Überlieferungsgeschehen entstammen. Der Historiker versucht seine perspektivische Sicht auf die Dinge diskursiv zu begründen. Er tut dies in einem direkten oder indirekten Dialog mit der Fachgemeinde und mit gesellschaftlichen Erwartungen.

Wir müssen dementsprechend unterscheiden zwischen „res gestae" als Tatenbericht mit objektivem Anspruch, was das Geschäft des Historikers ist, und „rerum gestarum" als subjektive Deutung, die eine Erinnerungsreflexion impliziert, was zumeist in autobiographischer Absicht geschieht. Res gestae als eigentliche Historie ist Ergebnis von Quellenstudien. Geschichte als rerum gestarum ist Ergebnis einer ausdrücklichen individuellen Erinnerung. Für Hegel entsteht erst da Geschichtsschreibung, wo sich Begebenheiten auf ein organisiertes Gemeinwesen, also auf ein öffentliches Bewusstsein beziehen.

Historie entsteht aus einer begründeten Verknüpfung von Ereignissen. Diese kann Erweiterungen und Revisionen erfahren, in dem Sinne, dass bisher unbeachtete Begebenheiten eine neue Relevanz erlangen bzw. bestimmte Hervorhebungen sich als Konstruktionen bzw. Manipulationen erweisen. Geschichte ‚lebt' von Bewertungen bzw. Neubewertungen. Geschichtliche Zeit als bewertete Zeit wird in einen Begründungs- bzw. Motivationszusammenhang gestellt, nicht aber notwendigerweise in einen kausalen Zusammenhang. Kausalität ist im strengen Sinne Sache der nomothetischen Wissenschaften, nicht der idiographischen. Geschichtliche Zeit ist keine metrisch ablaufende Raumzeit, sondern bewertete, quasi verdichtete Zeit, was die Geschichtsschreibung zwangsläufig in die Nähe von künstlerisch-fiktionalen Zeitfassungen rückt, wo Ereignisse wie im Film je nach Relevanz gedehnt, verkürzt oder gelöscht werden.

Geschichte hat durchaus Platz für Geschichten. Sie unterliegt einem Filtersystem, das bestimmte Geschichten aussondert und andere entsprechend der Relevanz für viele hervorhebt. Fiktionale Momente können durchaus den emotionalen Zustand einer Epoche prägen. Man denke an die Bedeutung von Goethes ‚Die Leiden des jungen Werther‘, das enorme Wirkung auf die empfindsamen Seelen seiner Zeit hatte und sogar Suizidhandlungen motivierte. Die Bedeutung von Geschichten für die Historie betrifft aber in erster Linie das soziale, nicht das psychische Leben, wiewohl auch letzteres sozial vermittelt ist. Natürlich gibt es auch kollektive Psychopathologien oder Gruppenhysterien, man denke nur an spätmittelalterliche eschatologische Bewegungen oder an gegenwärtige Umweltpathologien. Dennoch ist das Thema der Historie nicht die individuell-psychische, sondern die soziale Wirksamkeit von Handlungen. Psychologische Zustände werden nur im Hinblick auf ihre allgemeinen Auswirkungen thematisiert.

Michel Foucault spricht von der Positivität als einem historischen Apriori, das all unsere historischen Deutungen und Aussagen disponiert. Das historische Apriori bezeichnet bei ihm keine „Gültigkeitsbedingungen für Urteile, sondern Realitätsbedingungen für Aussagen"[7]. Es besteht also aus einem Aussagesystem über Ereignisse und Dinge, die er Archiv nennt.[8] Dieses ist transformier-, erweiter- und reduzierbar. Foucault betont allerdings, dass es sich nicht einfach um die Summe der Texte handelt, die eine Kultur als Dokumente ihrer Vergangenheit und Identität bewahrt, auch nicht um die Institutionen, die Diskurse registrieren und konservieren, sondern um Diskursivitätssysteme, die Aussa-

---

7 Foucault, Michel: Das historische Apriori und das Archiv. In: Derselbe: Botschaften der Macht. Stuttgart 1999, S.78.
8 Ebenda S.80.

gen ermöglichen oder verunmöglichen.[9] Das Archiv ist in seiner „Totalität nicht beschreibbar; und in seiner Aktualität nicht zu umreißen"[10] (…) „Die niemals vollendete, niemals restlos vollzogene Hervorbringung des Archivs bildet den allgemeinen Hintergrund, zu dem Beschreibung der diskursiven Formation, die Analyse der Positivitäten, das Ermitteln des Aussagenfeldes gehören."[11] Foucault spricht schließlich auch von einer Archäologie, „die Diskurse als spezifische Praktiken im Element des Archivs"[12] beschreibt.

Die Idee des Archivs ist auch für unsere Überlegungen von Relevanz. Geschichte ist nicht eine Anhäufung von Ereignissen, sondern deren Verknüpfung und Vermittlung. Im Archiv stehen Ereignisse immer schon in einer diskursiven Ordnung, die Voraussetzung jedes neuen Diskurses ist. Das Archiv ist Ausdruck einer Vermittlungspraxis, die man ablehnen oder bekräftigen, die man aber nicht ignorieren kann. Keine historische Bewertung erfolgt aus dem Nichts einer reinen Gegenwart, sondern ist selbst bereits disponiert durch andere diskursive Praxen. Auch wenn das Archiv in der Gegenwart erschlossen wird, so heißt das nicht, dass diese Gegenwart etwas Unvermitteltes und vom Archiv Unabhängiges ist.

Ziel der historischen Wissenschaften ist das Verständnis der Gegenwart. Wir interessieren uns für Gewesenes, weil es unsere Gegenwart disponiert und verständlich macht. Der Mensch und seine Hervorbringungen sind Ergebnis historischer Vermittlungen, die technische Hervorbringungen einschließen. Der Mensch ist seine Geschichte, die individuelle und die allgemeine, und seine Positionierung zu ihr. Die Positionierung schließt auch technische Möglichkeiten der Positionierung ein. Man verhält sich im Zeitalter fortgeschrittener medialer Möglichkeiten anders zur Welt als ohne diese Möglichkeiten. So wie der Zugriff auf die Natur vor der Entdeckung des Mikroskops und des Teleskops ein anderer war, so sehen wir die Welt heute in ihren mannigfaltigen visuellen Repräsentationen und Bearbeitungen anders als sie ein mittelalterlicher Mensch gesehen hat. Unsere Sinne verändern sich

---

9 Ebenda S. 81f.
10 Ebenda S. 82.
11 Ebenda S. 84.
12 Ebenda S. 84

mit medialen Technologien, aber auch unser Geist nimmt die Welt in unterschiedlicher medialer Vermittlung anders wahr.

Was wir Geschichte nennen, ist eine quellen- und diskursbasierte Deutung von Ereignissen zum Zweck, die Gegenwart besser zu verstehen. Diese Deutung basiert auf einem Konsens der Fachgemeinde, lässt aber auch begründete Abweichung zu, sofern die geteilte Basis und die geteilten Methoden der Quellenforschung nicht infrage gestellt werden. Der Historiker muss bei neuen Einsichten gegenüber seiner Fachgemeinde Vermittlungsleistungen erbringen.

Geschichte ist der Versuch einer Verkettung von Ereignissen, die sowohl in eine begründete Ordnung des Nacheinander, als auch in eine begründete Ordnung des Nebeneinander gebracht werden müssen. Es gibt motivierte Ereignisketten, die sich quasi parallel und voneinander unberührt ereignen, aber auch räumlich geschiedene Ereignisketten, bei denen Wechselwirkungen sichtbar werden können.

Wenn wir nun von Historizität sprechen, so identifizieren wir damit einen permanenten Wandel der Verhältnisse, ohne dass dabei das Vergangene völlig verschwindet. Das Vergangene bleibt als Motivations- und Prägekraft des Gegenwärtigen in Geltung. Historische Prägungen sind oft schwer aufweisbar und erfordern eine langwierige Entbergungsarbeit. Das Historische artikuliert sich in allen menschlichen Akten und Hervorbringungen: in Sprache, Mimik und Gestik, in leiblichen Bewegungsstilen und Empfindungen, in allen institutionellen Ausdrücken der Kultur; es äußert sich zwar im Individuellen, geht aber nie darin auf. Sein Wirken transzendiert grundsätzlich das nur Individuelle. Als das in Vergemeinschaftung Konstituierte geht es zwar nie im Subjektiven auf, benötigt aber das Subjektive als belebende Kraft und als Medium der Aktualisierung. Es ist nicht das Vergangene, sondern etwas, das lebendig ist und sich in der Erfahrung der eigenen Lebensgeschichte und der subjektiven Erfahrung der Weltläufe niederschlägt. Es ist eine Art Dispositiv unseres Selbst- und Welterfahrens. Auch die Individualgeschichte ist nie nur subjektiv, sondern ebenso durch das Historische vermittelt. Historizität ist nun nicht nur ein Ermöglichungsgrund von Erfahrung, sondern auch eine Grundlage für den Austausch mit anderen. Nur auf der Grundlage von gemeinsam erfahrener Historizität ist gelingende Kommunikation und Verständigung möglich.

Dies würde auch für die gelingende Kommunikation mit einem System gelten. Ich kann mit einem System nur dann kommunizieren und eine Verständigung erzielen, wenn es quasi mit mir eine gemeinsame historische Disposition teilt.

Es muss jedoch bezweifelt werden, ob sich ein Sinn für Historizität in einem System implementieren lässt, da Historizität nur qualitativ gefasst werden kann. Historizität drückt sich in einem permanenten Wandlungsgeschehen und in einer permanenten Neubewertung bestehender Wissensbestände, Institutionen und Werte aus. Dieses Wandlungsgeschehen ist nur schwer zu beschreiben, geschweige denn in gesetzmäßigen Abläufen zu fassen. Es kennt Beschleunigungsphasen und Phasen der Verlangsamung, Überlagerungen von Teilaspekten und Konnotations-Verschiebungen. Ob ein System einen Sinn für die Ereignishaftigkeit des Historischen haben kann, hängt letztlich wohl von dessen Fähigkeit ab, tatsächlich mit uns zu leben. Dies wäre eine Frage, die auch die KI zu erörtern hätte. Jedenfalls artikuliert sich Historizität in der Verschiebung von Relationspräferenzen. Was diese Verschiebung bewirkt, ist nicht eindeutig zu fassen, man kann aber Faktoren nennen, die für solche Verschiebungen verantwortlich sind; etwa äußerliche Bedrohungen, Werteverschiebungen, Formen des kulturellen Austauschs und der kulturellen Dominanz.

Wenn ein System wirklich in einem menschenähnlichen Sinn adaptiv und kontextsensitiv agieren soll, muss es einen Sinn für historische Wandlungsvorgänge entwickeln. Es müsste erkennen können, dass Begriffe einem Bedeutungswandel unterliegen, dass es Begriffe mit beschleunigten Bedeutungswandlungen gibt, und solche, die relativ stabil in ihrer Bedeutung bleiben. Beschleunigte Wandlungen lassen sich nur von relativ stabilen Festpunkten aus erfahren.

Wie auch immer wir das Thema der Historizität angehen, wir kommen nicht umhin, es als etwas zu identifizieren, das sich der Quantifizierbarkeit und damit auch Berechenbarkeit entzieht.

Was heißt Digitalisierung?

Digitalisierung heißt zunächst, alles in binäre Codierungen zu bannen, alles in eine zählbare und kalkulierbare Sphäre zu übertragen. Digitalisierung ist nicht von der Idee der Datafizierung zu trennen. Alle Weltphänomene sollen durch datafizierende und rechnergestützte kalkulierende Verfahren eine Transformation erfahren. Alle erfassbaren Phänomene, seien sie physischer, sozialer oder psychischer Art sollen datafiziert und in einer symbolischen Sphäre gesammelt, kategorisiert und miteinander verknüpft werden. Ziel der Digitalisierung ist die totale Berechenbarkeit aller Welt- und Lebensprozesse, inklusive der Vorhersage künftiger Ereignisse. Dabei sollen qualitative Bestimmungen in berechenbare quantitative Bestimmungen überführt werden. Die Datafizierungsidee hat eine Vorgeschichte, die mit der Mathematisierung der Naturverhältnisse bei den Pythagoreern begann und im Spätmittelalter und in der Renaissance ihren endgültigen Siegeszug antrat. Daten und Zahlen sind zwar nicht dasselbe, aber Daten stehen in informatischen Prozessen in gewisser Weise für Zahlen, ohne die kalkulatorische Prozesse nicht möglich sind. Sie sind kleinste, in Bits und Bytes gefasste Einheiten für automatisierte Rechenprozesse. Ein entscheidender Unterschied zwischen Zahlen und Daten liegt darin, dass Daten immer eine Repräsentationsfunktion zukommt. Zahlen können etwas repräsentieren, in der theoretischen Mathematik tun sie dies aber nicht.

Leibniz hat in seiner ‚characteristica universalis', in der Gegenstände durch Zeichen präsentiert werden, eine pragmatische Absicht verfolgt.[13] Es ging ihm darum, Dinge und Sachverhalte leichter handhaben zu können. Die Übertragung der physikalischen, sozialen und psychischen Welt in eine Sphäre der Berechenbarkeit dient der Sachbeherrschung, motiviert aber auch einen bis heute verbreiteten metaphysischen Anspruch. Es ist der Anspruch, selbst das historische und biologische Leben quasi restlos erfassen und berechnen zu können. In Form intelligenter Implantate und Prothesen dringt das Informatische quasi in die Wetware. Wie in Spielbergs ‚Minority Report' soll die Zukunft in der Gegenwart beherrschbar werden. Die mit derartigen meta-

---

13 Leibniz, Gottfried Wilhelm: Math. Schriften 5, hg. C. I. Gerhardt, (H.W. Schmidt) Berlin 1859. S.141.

physischen Ansprüchen verbundene Digitalisierung geht mit einer Totalerfassung und Totalberechnung alles ontologisch Bestimmbaren einher (esse est computari). Dies schließt auch die Idee ein, dass man die Vergangenheit, zumindest die Erinnerung daran, umprogrammieren könne. In psychiatrischen Kontexten fällt diese Idee auf fruchtbaren Boden, etwa, wenn erwogen wird, bei schwer depressiven Menschen mittels Implantaten Gehirnaktivitäten zu drosseln bzw. Gehirnareale quasi abzuschalten.

Digitalisierung verspricht nicht nur eine Rationalisierung aller Lebensbereiche, sondern auch mittels fortgeschrittener informatischer Technologien, wie dem maschinellen Lernen oder neuronalen Netzwerken, neue Welterkenntnisse, indem aufgrund der Analyse großer, oft fließender Datenmengen neue Weltrelationen erkannt werden. Erkenntnis ist damit auch das Resultat automatisierter Rechenvorgänge. Die bereits eingeleitete Automatisierung der Wissenschaft kann unsere Vorstellung von Wissenschaft verändern.

Was der Gedanke einer umfassenden Datafizierung ausblendet, ist die Widerständigkeit der Dinge und Sachverhalte. Überall, wo Daten erhoben und damit artikuliert werden, werden andere Daten desartikuliert. Alle Erkenntnis beruht auf Artikulationen und Desartikulationen. Neue Erkenntnisse werden nicht unbedingt durch ein Mehr an Daten gewonnen, sondern aufgrund einer Neueinschätzung, Neurelationierung bzw. Neuhierarchisierung der Elemente eines Sachverhaltes.

Auch wenn Daten für etwas stehen, so stehen sie aber nie für die Sache selbst, sondern für das, was von einer Sache unter bestimmten Intentionen gegeben ist. Wir haben Phänomene, nicht Dinge an sich. Jedem Messvorgang geht eine Entscheidung über das zu Messende bzw. zu Erfassende voraus.

Daten sind sozusagen eine Art atomarer Grundbestand von Weltphänomenen, die in Verhältnisse zueinander gesetzt werden sollen. Mit Hilfe kalkulierender Verfahren sollen Möglichkeiten eruiert werden, wie man die Welt quasi zum Nutzen des Menschen oder zum Nutzen bestimmter politischer oder ökonomischer Interessen umfingieren kann. Dabei geht es freilich auch um Komplexitätsreduzierung um des praktischen Zieles der Handhabung von Dingen und Sachverhalten willen.

Im Kontext unseres Themas, nämlich der digitalen Erfassung und Berechnung von Historizität, geht es um die Erfassung von Ablauftypologien, wobei das nur Wahrscheinliche einer Typologie quasi überwunden bzw. auf ein Minimum reduziert werden soll. Die Berechnung von künftigen Ereignissen wird am Modell naturwissenschaftlicher Gesetzeserkenntnis ausgerichtet. Wie mit Hilfe von Naturgesetzen zu erwartende Ereignisse vorausberechnet werden, so sollen auch soziale und psychische Ereignisse vorausberechnet werden. Die pragmatische Intention von Leibniz' ,characteristica universalis' erfährt in den gegenwärtigen Digitalisierungsbestrebungen eine Realisierung.

Was heißt Entgeschichtlichung?

Der Mensch ist in besonderer Weise ein Erinnerungswesen, was ihn einerseits bis zu pathologischen Hemmungen treibt, andererseits ihn aber auch mehr als andere Lebewesen befähigt, sein Handeln auf bereits Geleistetem und Verfügbarem aufzubauen. Er externalisiert dabei das Gedächtnis in symbolischen Zeichen und Erinnerungsstücken, in Bildern, Notaten und Tonaufzeichnungen, und macht es damit unabhängig von individuellen Erinnerungsleistungen für andere verfügbar. Es gibt keine Geschichte ohne Erinnerung und ohne kulturelle Externalisierungsleistungen. Kultur ist wesentlich Ausdruck von Erinnerungs- bzw. Gedächtnisleistungen, die oral, gestisch und mimisch oder schlichtweg durch ,Vormachen' tradiert oder in materialisierter Form ausgewählte Erinnerungsstücke in einem Archiv verfügbar gemacht werden. Externalisierte Ausdrücke, von der Schrift bis zur Kunst und den Hervorbringungen artefaktischer Technik, werden damit aus dem individuellen Bewusstsein ausgelagert und für andere verfügbar. Erinnerung und Verfügbarkeit von Erinnerungsstücken ist also eine Bedingung von Historizität.

Was ist nun unter Entgeschichtlichung zu verstehen? Kann es eine Entgeschichtlichung in einem strengen Sinne überhaupt geben? Sind Prozesse der Entgeschichtlichung denn nicht selbst wieder epochal, also durchaus in einem historischen Sinne zu verstehen?

Geschichtsvergessenheit ist ein Phänomen, das immer wieder in der Geschichte auftaucht, immer wieder durch bestimmte Ereignisse und Machtkonstellationen begünstigt wird. Entwurzelung, Entfremdung und Umerziehung sind begünstigende Faktoren. Doch es zeigt sich, dass historische Kräfte stärker sind als aktuelle politische und ökonomische Mächte, stärker als Formen der Geschichtsvergessenheit. Selbst Völker- und Massenmord konnten im Dritten Reich die Erinnerung an das jüdische Erbe nicht löschen oder in China und Kambodscha einen neuen, seiner geschichtlichen Disposition verlustig gegangenen Menschen kreieren. Solange es noch Reflexionsfähigkeit gibt, also eine Fähigkeit, sich zu Weltphänomenen zu positionieren, kommt das Historische immer wieder zurück ins Spiel. Eine entgeschichtlichte Welt wäre letztlich nur eine Welt, in der die historischen Dispositionen des Gegenwärtigen in Vergessenheit geraten sind, nicht aber eine Welt, die tatsächlich ahistorisch geworden ist. Es gilt nun zu prüfen, ob mit der Digitalisierungs- und Datafizierungsidee eine neue Stufe der Entgeschichtlichung eintritt, in der nicht nur die historische Disposition der Gegenwart in Vergessenheit gerät, sondern darüber hinaus eine generell unhistorische Einstellung zu den Dingen stattfindet.

In der aristotelischen Peras-Theorie[14] geht es um die Bestimmung der Grenze zwischen Begrenztem und Unbegrenztem, die die Konstitution eines Gegenstandes erst ermöglicht. Unendliches gibt es nur der Möglichkeit nach, im Sinne gedanklicher Operationen. Sicheres Wissen davon gibt es aber nicht. Solches finden wir nur diesseits der Grenze. Das heißt, überschreiten wir in gedanklichen Operationen die konkret gegebene Wirklichkeit, können wir letztlich kein sicheres Wissen erlangen, sondern nur noch mit Wahrscheinlichkeiten rechnen.

In gewisser Weise versucht die kantische Transzendentalphilosophie, die Grenze unseres Vernunftgebrauchs als eine Vermittlungsgröße zu bestimmen, indem sie Wissen empirisch fundiert, aber zugleich zeigt, dass es, wenn es denn Wissen ist, auf einem Ideenfundament steht. Immer steht das Begrenzte und empirisch Fassbare in einer besonderen Beziehung zu seinen Bedingungen, die dem Reich des Unbegrenzten entnommen sind. Das Diesseits und Jenseits der Grenze unterscheidet sich qualitativ und es gibt keine Kontinuität zwischen beiden Seiten. In unserem Zusammenhang geht es nun um die Frage, ab wann wir

---

14 Vgl. Aristoteles: Physik. In: Philosophische Schriften 6, Darmstadt (WBG) 1995. III 4, S. 57 ff. (203 a – 204a).

definitiv nicht mehr von Historie im dargelegten Sinne reden können, sondern von etwas qualitativ Verschiedenem reden müssen. Wann ist der prozessuale, sich überlagernde und disponierende Charakter des Historischen überwunden, wann ist der Widerstand des Historischen gegen seine diskrete digitale Bändigung gebrochen?

Das Historische galt lange als unerreichbar, weil es zwar Ergebnis menschlicher Tätigkeit und Hervorbringung ist, sich aber einem wissenschaftlichen Zugriff im Sinne einer Gesetzeswissenschaft entzieht. Erreichbar wäre es unter der Bedingung einer vollkommenen Erfassung, Rekonstruktion, Vorausberechnung, Disponibilität und Herstellbarkeit seiner Dynamik. Historizität wäre überwunden, wenn Geschichte durch eine vollständige Steuerung der Weltläufte ersetzt wäre. Wo nun befindet sich die Grenze, die das Ende der Geschichte markiert? Die zu beantwortende Frage hat nicht nur eine logische, sondern auch eine psychologische Seite. Grenzen haben ein Veränderungspotential. Die Überschreitung verändert den Überschreitenden. Es ist aber nicht allein die tatsächliche Überschreitung, die Wirkungen zeitigt, es genügt in gewisser Weise bereits die Vorstellung der Überschreitung, die Historie anders erfahren lässt als es bisher der Fall war.

Schauen wir in der gebotenen Kürze auf einige Theorien der Nachgeschichtlichkeit. Die Idee der Nachgeschichtlichkeit hat der französische Mathematiker Antoine-Augustine Cournot (1801–1877) als erster in der Schrift „Traité de l'enchainement des idées fondament. Dans les sciences et dans histoire"[15] formuliert, allerdings ohne den Begriff ‚posthistoire‘ zu gebrauchen. Erst der Soziologe Célestine Bouglé führt ihn konzeptuell ein, indem er Cournots Idee eines „état final" mit „phase post-historique"[16] erläutert. Beide Autoren gehen davon aus, dass es einen Endzustand geben wird, in dem geschichtliche Wandlungsprozesse zu einem Stillstand kommen. Zu einem ähnlichen Ergebnis kommt in der englischsprachigen Welt Roderick Seidenberg in „The Posthistoric

---

15 Cournot, Antoine-Augustine: Traité de l'enchainement des idées fondament. Dans les sciences et dans histoire.
OEuvres compl. Vol. 3. Paris 1982. (vgl. Historisches Wörterbuch der Philosophie, Bd. 7, Basel 1989, S. 1141)
16 Bouglé, Célestin: Les rapports de l'histoire et de la science sociale d'après Cournot. In: Metaphysique Morale 13, 1905. S.368.

Man"[17], worin in lebensphilosophischer Manier eine lebensbedrohliche Dominanz der Vernunft gegenüber dem instinktgeleiteten Leben und eine Verlangsamung gesellschaftlicher Prozesse festgestellt wird, bis das ‚posthistorical age' eintritt. Im deutschen Sprachraum hat der flämische Soziologe Hendrik de Man 1951 in „Vermassung und Kulturverfall – Eine Diagnose unserer Zeit"[18] Befunde geliefert, die entscheidend für Arnold Gehlens konzeptuelle Ausarbeitung des Begriffs ‚posthistoire'[19] waren. Gehlen erläutert den Begriff nicht zuletzt anhand der Entwicklung der Kunst, was allerdings auch sein verengtes, konservatives Kunstverständnis offenbart. Entscheidend für ihn ist, dass es im nachgeschichtlichen Zeitalter zu einem Abschluss der Ideengeschichte kommt. Nach diesen Grundlegungen taucht die Idee eines nachgeschichtlichen Zustands immer wieder in der essayistischen und wissenschaftlichen Literatur auf. Von den jüngeren Theorien der Nachgeschichtlichkeit sollen zwei noch einmal genauer betrachtet werden, die zwar eher essayistisch als wissenschaftlich zu betrachten sind, aber durchaus interessante Aspekte einer fortschreitenden Ideologisierung der Wissenschaft pointieren.

Der Politikwissenschaftler Francis Fukuyama hat sich 1992 in seiner Schrift „The End of History and the Last Man"[20] auf Alexandre Kojèves Interpretation von Hegels Geschichtsphilosophie bezogen, die zu einem Ende der Geschichte führe, indem es zu einer letzten Synthese und dem Ende der Widersprüche komme. Für Fukuyama werden sich die westlichen Werte der Demokratie, der Marktwirtschaft und des Liberalismus durchsetzen. Eine These, die er später teilweise revidiert, etwa wenn er an eine andere Dynamik und ein anderes Wertesystem in der islamischen Welt erinnert, die sich aber längerfristig dennoch an die westlichen Wertesysteme assimilieren wird. Er geht davon aus, dass die Rolle von Religion und Nationalismus schrumpft und dass über den Kapitalismus westliche Werte exportiert werden. Den Niedergang des Marxismus begründet er damit, dass es in den liberalen Demokratien eigentlich keine Mängel, sondern nur Umsetzungsprobleme gibt. Alles

---

17 Seidenberg, Roderick.: The Postheroic Man, Chapel Hill 1950.

18 de Man, Hendrik „Vermassung und Kulturverfall – Eine Diagnose unserer Zeit, Bern 1951.

19 Gehlen, Arnold: Über die Geburt der Freiheit aus der Entfremdung, Gesamtausgabe Bd.4, Frankfurt am Main 1982 (Erstveröffentlichung 1952).

20 Fukuyama, Francis: The End of History and the Last Man. New York 1992.

strebt auf einen Endzustand zu, in dem es keine nationalstaatlichen Differenzen und keinen politischen Fortschritt mehr gibt. Wir treten in die Epoche einer Universalgeschichte, die auf der Grundlage von Technik und Naturwissenschaft steht. Totalitäre Regime können sich nicht auf Dauer halten, weil es an der Legitimierung ihrer Macht fehlt. In der Demokratie spielt der Kampf um Anerkennung und Selbstverwirklichung die zentrale Rolle. Im posthistorischen Endzustand sind Freiheit und Gerechtigkeit austaxiert. Als Kernproblem des Endzustandes sieht er, dass es in einer Welt der Toleranz und Relativität möglicherweise keinen Ehrgeiz für Spitzenleistungen mehr gibt. Fukuyamas Theorie der Nachgeschichtlichkeit bleibt trotz aller Bemühungen, kulturelle Differenz zu würdigen und zu reflektieren, an bestimmte Grundsäulen des US-amerikanischen Selbstverständnisses gebunden. Die Neigung, die eigenen Wertnahmen pars pro toto auf die gesamte westliche Welt zu projizieren, ist stark ausgeprägt. Auch wenn Fukuyamas Thesen differenzierter sind als es die knappe Darstellung erahnen lässt, und er in späteren Jahren auch Selbstkritik bezüglich seines Optimismus geübt hat, so sind doch wissenschaftlich kaum ausweisbare Glaubenspositionen zu konstatieren. Dennoch ist die Bindung seiner Überlegungen an die enorme Bedeutung der mit dem technischen und naturwissenschaftlichen Fortschritt verbundenen Produktivkräfte für das Erreichen des posthistorischen Endzustandes nachvollziehbar.

Eine Position, die einen unmittelbaren Nexus zwischen Digitalisierung und dem Ende des geschichtlichen Denkens herstellt, hat Vilém Flusser 1992 in seinem Essay „Die Schrift – Hat Schreiben Zukunft"[21] zeitgleich mit Fukuyamas „The End of History and the Last Man" vorgelegt.

Flussers Schrift ist eine Theorie vom Ende der Theorie, in der er in spekulativer Weise eine Zeit zu erfassen versucht, in der die Schrift als Leitmedium abgedankt hat. Die nachalphabetische Kultur, die mit dem digitalen Zeitalter eingeleitet wurde, beendet die Epoche des zielorientierten, aufgeklärten und kritisch-historischen Bewusstseins. Er stellt fest, dass Schreiben als linearer Kodierungsprozess ohne Zukunft ist. Das Ende der Schriftkultur geht einher mit dem Ende der historisch und

---

21 Flusser, Vilém: Die Schrift – Hat Schreiben Zukunft? Frankfurt am Main 1992.

teleologisch orientierten Epoche. Er gliedert die Kulturentwicklung in drei Phasen: „Die vorgeschichtliche Bewusstseinsebene artikuliert sich in Bildercodes, die geschichtliche alphabetisch, die neue digital."[22]

In der Schrift werden die Gedanken gerichtet. Davor hat sich das Denken in mythischen Kreisen gedreht, „denn vor der Erfindung der Schrift ist nichts geschehen, alles hat sich nur ereignet."[23]. Das Schreiben hat sich gegen die Bilder gerichtet, hat sie auseinandergerissen und „zu zählbaren, erzählbaren, kritisierbaren Begriffen"[24] geordnet. Von einem alphanumerischen Code spricht Flusser, weil das Schreiben nicht nur ein historisch-prozessualer Vorgang ist, sondern auch ein formal-kalkulatorischer. Die formalen, mathematischen Elemente der Schrift zeigen sich darin, dass die alphabetische Schrift auch Zahlzeichen enthält. Es liegt in der Schrift selbst ein Konflikt zwischen dem linearen Denken in der Zeit und dem zeitlosen mathematischen Denken. Für Flusser ist Schreiben ein Umcodieren des zweidimensionalen Flächencodes der Bilder in einen eindimensionalen Zeilencode. Er erklärt Bilder und beseitigt sie damit. Aus Vorstellungen werden Begriffe und aus Szenen Prozesse. Schrift ist der Code des historischen Bewusstseins, das wir aufzugeben bereit sind, weil sich das „historische Denken (...) als wahnsinnig und mörderisch erwiesen"[25] hat. Mit der Aufgabe des zielgerichteten Denkens findet eine Entpolitisierung und Funktionalisierung unseres Verhaltens statt. Aus Geboten werden Gebrauchsanweisungen. Die Entwertung des Handelns äußert sich darin, dass es in Computerprogrammen kein Symbol für ‚sollen' gibt. Alles läuft darauf hinaus, dass, wenn die Digitalisierung vollzogen ist, „der Mensch und die Gesellschaft wie ein kybernetisches System automatisch sich selbst steuern"[26].

Flusser verbindet mit der digitalen, telematischen Gesellschaft, die statt Zeilen zu konstruieren Netze knüpft, die Hoffnung, dass der Mensch, nach der Entledigung von alten Bindungen seine Beziehungen frei und vorurteilsfrei wählt. Das mit der Digitalisierung eingeleitete Ende der Dichtung empfindet Flusser zwar als Verlust, der den Menschen und

---

22 Ebenda S. 141
23 Ebenda S. 12
24 Ebenda S. 17
25 Ebenda S.35
26 Ebenda S.53

sein Verhalten verändern wird, andererseits erweckt der Verlust in ihm auch Hoffnungen. Er sieht in der Dichtung einen Ausdruck des historischen Denkens, das einen imperialistischen Zug hat. Das Ende der Dichtung bedeutet auch das Ende der tragischen Epoche. Dies mag unsere Vorstellung vom Menschen verändern, muss aber nicht bedeuten, dass der Mensch der telematischen Gesellschaft der schlechtere ist.

Das kritisch-unterscheidende Denken ist für Flusser Ausdruck der alphanumerischen Codierung. Ist die Welt erst einmal wertfrei geworden, gibt es an ihr auch nichts mehr zu kritisieren, denn alle Kritik hängt an einer historisch-teleologischen Wertorientierung. Der Verlust der Kritikfähigkeit geht einher mit einem Glaubensverlust, denn an was soll man noch glauben, wenn zwischen fiktiv und nichtfiktiv nicht mehr geschieden werden kann. Die Unbestimmbarkeit der Wirklichkeit wird auch die letzte Glaubensbastion des aufgeklärten Denkens zum Einsturz bringen: „Wenn die Wissenschaft sich als eine unter anderen Fiktionen entpuppt, dann hat es jeden Sinn verloren, von einer ‚wirklichen Wirklichkeit' zu sprechen (...) Unsere Fähigkeit zur Kritik – und damit (…) die Unterscheidung zwischen Fiktion und Wirklichkeit – geht (...) verloren. (…) Die Grundlage alles kritischen Lesens stellt sich als ein unkritisierbarer Glaube heraus. (...) Das beruht auf dem wissenschaftlichen Glauben, die Wirklichkeit sei wertfrei. Kritisiert man diesen Glauben, dann stellt man fest, daß die Wirklichkeit so ist, wie wir an sie glauben. Und dieser (...) Glaube ist nicht mehr kritisierbar. (...) Damit hat alle Kritik das ihr ursprüngliche Ziel erreicht, die Aufklärung hat völlig gesiegt, und es bleibt nichts mehr, das (…) kritisiert und aufgeklärt werden sollte. Alles ist klar geworden, vor allem die Tatsache, daß sämtliche Kriterien, Werte und Messungen ‚ideologisch' sind, und daß hinter dem Lesbaren (den Erscheinungen) nichts steht. Das völlig aufgeklärte Bewußtsein hat es nicht mehr nötig 'intelligent' zu sein, etwas herauslesen zu wollen. Es kann sich auf schöpferisches Zusammenleben konzentrieren. Es geht bei diesem Übergang (…) um den Sprung aus dem historischen, wertenden, politischen (…) in ein kybernetisches, sinngebendes, spielerisches Bewußtsein."[27]

---

27 Ebenda S. 75ff.

Der Epoche der Schrift, die auf dem Glauben an die Einmaligkeit und Unwiderruflichkeit einer Handlung beruht, wird eine Welt der ewigen Wiederkehr des Gleichen folgen. Der Glaube der neuen Epoche beruht auf der „Gleichgültigkeit jeder Handlung. Dieser Glaube wird von den Programmen auch tatsächlich immer wieder bestätigt. Es ist dies die Stimmung des nachgeschichtlichen Bewußtseins"[28]. Die digitale Epoche wird wie die mythische eine ziellose sein, denn Ziele kann man nur im historischen Denken verfolgen. Schrift ist Ausdruck einer kritischen Einstellung, sie formt das historisch-teleologische Denken, gibt der Gesellschaft Ziele, formuliert Erwartungen und klärt über ihren Zustand auf. Sie gibt dem Leben erst die Form, die sich von der des an Bildercodes orientierten magisch-mythischen Zeitalters und des folgenden nachhistorischen digitalen Zeitalters unterscheidet. Das alphanumerische Denken richtet das Verhalten und Handeln in einer linearen, zielgeleiteten Ordnung der Welt aus. Schrift steht für eine bestimmte Denkart und wird zu einer Metapher, die überall da ihre Wirksamkeit entfaltet, wo linear-prozessual gedacht und agiert wird. Das historische Bewusstsein ist für Flusser mit einem Ausschließlichkeitsanspruch verknüpft. Die eschatologischen Orientierungen der heiligen Bücher, die Idee der Aufklärung, die historische Tendenz der Gesellschaftsentwicklung im Dialektischen Materialismus, all das sind schriftgeborene Ausschließlichkeitsansprüche. Wenn er am Ende des Essays feststellt, dass es „nur zwei Ausbruchsrichtungen aus der Schrift gibt: zurück zum Bild oder vorwärts zu den Zahlen"[29], dann gesteht er ein, dass auch das, was dieser Epoche folgen wird, bereits in der Schrift enthalten ist. Die Schrift hat uns so gefesselt, dass sie selbst das, was sich ihr zu entziehen scheint, nur in ihren Kategorien denken lässt.

Flussers Hoffnung auf eine neue digitale telematische Gesellschaft, speist sich aus einer Enttäuschung. Die historisch-teleologische Schriftkultur hat zu Kriegen und Massenmord geführt. Die schriftgeborene Aufklärung scheint zu einer wertfreien Welt zu führen, in der alles gleichgeordnet ist, nichts mehr Teil eines Wertsystems zu sein scheint. Werte zeichnen sich durch Widerständigkeit aus. In der digitalen Welt wird aber die Widerständigkeit der physischen, sozialen und psychi-

28 Ebenda S. 120
29 Ebenda S.143

schen Welt gebrochen, indem sie quasi umschifft oder in eine System-
funktion umgewandelt wird. Aufklärung trägt eine eigenartige Dialektik
in sich, die Adorno und Horkheimer in ihrer berühmten Studie „Dialektik der Aufklärung"[30] aufzuweisen versuchten. Diese Dialektik äußert
sich im Umschlag in einen neuen Mythos der Zahl. Die vermeintliche
Unbestechlichkeit der Zahl ist es, in der sich die Weltverhältnisse objektiv darstellen lassen. Mayer-Schönbergers und Cukiers drei Thesen
von einer neuen Big-Data-Kultur: die Ersetzung kausaler Zusammenhänge durch Korrelationen, die Möglichkeit einer absoluten Datafizierung und präzisere Ergebnisse durch große Datenmengen[31] – wobei die
Datenqualität vernachlässigt werden kann – scheinen zu bestätigen,
was Flusser in Bezug auf eine Wissenschaft sagt, die ihren kritischen
Impetus verloren hat und die eigenen Voraussetzungen nicht mehr zu
reflektieren vermag.

Auch wenn Flussers Schrifttheorie sich oft in Widersprüchen, In-
konsistenzen und begrifflichen Unschärfen verliert, etwa wenn er – wie
oben zitiert – das Lesbare mit Erscheinungen verwechselt, so scheint sie
etwas von dem vorwegzunehmen, was als typischer Ausdruck fortgeschrittener digitaler Erschließung aller Lebensbereiche aufgefasst wird.
So sind seine Bemerkungen zur Entwicklung und zum künftigen Status
der Wissenschaft nicht falsch. Eine datengetriebene Wissenschaft, die
in automatisierter Weise Erkenntnisse liefern soll, wäre tatsächlich ein
Wissenschaftstypus, der von einem unkritischen Glauben disponiert
und nach dem heutigen Verständnis eben keine Wissenschaft ist.

Theorien der Nachgeschichtlichkeit umkreisen das Problem, dass
es in einer hochtechnisierten Welt zu einem ‚rasenden Stillstand' kommt,
indem das, was Geschichte auszeichnet, die Hervorbringung neuer Ide-
en und politische Taten, die zu einem Wandel der Welt führen, nicht
mehr hervorgebracht werden oder keine allgemeine Wirkung mehr zei-
tigen. Diese Theorien sind entweder kulturkritisch-pessimistisch, nur
konstatierend oder ‚verhalten' optimistisch, wie im Falle Flussers. In
den genannten Theorien spielen auch neue technische Möglichkeiten

---

30 Adorno, Th. W./Horkheimer: Dialektik der Aufklärung. Frankfurt am Main 1969 (Erstveröffentlichung 1944).
31 Mayer-Schönberger, Viktor /Cukier, Kenneth: Big Data, die Revolution, die unser Leben verändern wird. München 2013.

eine Rolle, die die Gesellschaften, aber auch internationale Beziehungen in neuer Weise organisieren und nicht zuletzt auch Auswirkungen auf die psychische Verfassung des Menschen haben. Diese neue Organisationsweise bringt Nivellierungen mit sich, nicht nur kulturelle Nivellierungen, sondern auch solche der psychischen Verfassung des Menschen. Generell scheinen posthistorische Theorien die Rolle kultureller Gravitationen zu unterschätzen. Dennoch scheint für die Kulturen abendländischer Prägung eine gewisse Gleichschaltung offensichtlich zu sein, zumindest verschwinden zunehmend Unterscheidungsmerkmale an der wahrnehmbaren Oberfläche der Kulturen.

Entgeschichtlichung scheint ein Ausdruck für eine neue Verfassung des menschlichen Bewusstseins zu sein, das historische Verantwortung oft nur noch als moralisierende rhetorische Phrase kennt, nicht aber mehr als eine lebbare Praxis. Entgeschichtlichung steht für die Kumulierung von Ereignissen, die in beliebiger Weise miteinander in Verbindung gesetzt werden. Dass eine entgeschichtlichte Welt im Sinne Flussers zu weniger Tragik führt, wäre noch zu belegen, ebenso, dass es zu konfliktärmeren Gesellschaften kommt. Auch wenn es in der hochtechnisierten ersten Welt zu kulturellen Nivellierungstendenzen kommt, bleibt die Frage, ob es sich um einen Zustand handelt, in dem historische Geschehnisse, die personal, kulturell und staatlich gebunden sind, wirklich überwunden werden, oder ob es nur auf einer technisch veränderten Stufe des Lebens zu einer neuen Art von historischen Geschehnissen kommt.

Ethische Konsequenzen eines ahistorischen Denkens

Die Beantwortung der Frage nach ethischen Konsequenzen aus einem nachhistorischen Denken, das sich aus der Digitalisierung aller Lebenssphären ergibt, muss die Potentiale digitaler Techniken berücksichtigen, die nicht notwendigerweise eine Realisierung erfahren, aber bedacht sein müssen, damit gegenwärtige Entwicklungen gesteuert bzw. gerahmt werden können. Damit wird keineswegs der Spekulation Tür und Tor geöffnet. Insbesondere Ermöglichungstechnologien können nicht ohne ihre Potentiale verstanden werden. Auch wenn sie nicht anwendungsspezifisch entwickelt werden, so fokussieren sie doch allgemeine Zweckideen wie die Idee einer totalen Vernetzung materieller und lebendiger Dinge oder die Idee einer Steuerung gesellschaftlicher Prozesse.

Eine kritische Befragung von Potentialen digitaler Techniken hat nichts mit deren Ablehnung zu tun. Abzulehnen sind allerdings Ideologisierungen einer Technik dahingehend, dass sie wie eine ‚über uns hereinbrechende' Naturgewalt behandelt und eine unkritische Akzeptanz des technischen Angebots aus ökonomischen oder politischen Gründen eingefordert wird. Es ist nicht zu bestreiten, dass Digitalisierung neue Erkenntnis- und Handlungsmöglichkeiten bieten kann, nicht zu bestreiten ist aber auch, dass adaptive und automatisierte Systeme, die in anderer Perspektive auch unter dem Schlagwort einer ‚technischen Autonomie' gefasst werden, enorme Entmündigungsgefahren und Gefahren der Fehleinschätzung von Wirklichkeit bergen, wenn die Widerständigkeit der Wirklichkeit ausgeblendet bzw. umgangen wird.

Bei der Benennung ethischer Konsequenzen geht es weniger um die Technik selbst, als vielmehr um den Umgang mit ihr. Probleme ergeben sich meistens aus projektiven Aufladungen der Technik. Technik enthält immer mehr als aktual in ihrem Umgang gegeben ist, mehr an technischen Einsatz-, mehr an Erweiterungs-, mehr an Verknüpfungsmöglichkeiten. So wirkt sie bereits, bevor die angestrebten Zwecke realisiert sind. Und zwar nicht nur, weil in ihre Realisierung und die damit erhofften Zweckrealisierungen investiert wird, sondern weil mit der Entwicklung Erwartungshaltungen und Hoffnungen genährt werden. Moderne informatische Technik ist als soziotechnisches System zu verstehen, das Wirkungen zeigt, die nicht nur in die Zukunft weisen, sondern auch auf die Gegenwart, in der sie zu bestimmten sozialpsychologischen Dispositionen führt. Mit der Entwicklung von Technik sind Erwartungen verbunden, die auf unsere Einstellungen zu den Dingen und Verhältnissen einwirken.[32]

Mit der Hoffnung, man könne die physikalische, soziale und psychische Welt in Zahlen bzw. Symbole transformieren und damit in deren Verlauf regulierend, steuernd und gestaltend eingreifen, entwickelt sich eine Ontologie, die in Bezug auf die zeitliche Ordnung der Din-

---

32 Vgl. Kaminski, Andreas: Technik als Erwartung: Grundzüge einer allgemeinen Technikphilosophie, Bielefeld 2010

ge und deren Verhältnisse Missverständnissen Vorschub leisten kann. Historische Verhältnisse könnten nicht in zeitliche Abfolgen in einem physikalischen Sinne übertragen werden. Historische Zeit ist keine skalierbare, sondern bewertete Zeit, in der es Verschiebungen, Dehnungen und Verdichtungen gibt, die ihren Grund in der Artikulation bestimmter zeitlicher Ereignisse hat.

Erläutern wir dies an zwei Beispielen: Zunächst an einem ästhetischen Phänomen. Musik als Zeitkunst par excellence artikuliert sich grundsätzlich in der Weise einer bewerteten Zeiterfahrung. Gleich, ob es sich um eingängige oder experimentelle Formen der akustischen Zeitgestaltung handelt, immer findet bei Komponisten, ausführenden Musikern oder Rezipienten eine Bewertung der Zeitgestaltung statt. Diese Bewertung ist es, die – freilich auf höchst unterschiedlicher Basis – über das Gefallen oder Nichtgefallen sowie die Originalität des Ausdrucks entscheidet. Musikalische Erfahrung artikuliert sich in Mustern von Präferenzen, von Artikulationen und Desartikulationen. Sie ist sozusagen Ergebnis eines Filtersystems.

Zum zweiten Beispiel: Um psychotherapeutische Effekte zu erzielen, muss der Therapeut eine Bewertung von Ereignissen im Leben der zu therapierenden Person vornehmen. Es gibt immer Erlebnispräferenzen, die sozusagen von unserem intentionalen Zustand abhängen, der seinerseits individuell und soziokulturell disponiert ist. Es ist der Augenblick, der sich zu einem Leben zu dehnen scheint, der Spuren in uns hinterlässt. Der Schrecken einer Sekunde fährt uns in die Glieder und hinterlässt dort Spuren, die sich in psychischen Blockaden und psychosomatischen Phänomenen artikulieren können.

Wenn wir die ontologische Verfassung eines ahistorischen Weltverständnisses zu fassen versuchen, müssen wir zunächst festhalten, dass Ontologien eine ordnende, nicht eine repräsentative Funktion innehaben. Leider wird diese Unterscheidung nicht immer klar vollzogen. Skalierende Verfahren erfassen streng genommen nicht die Phänomene selbst. Die Erfassung geht vielmehr der Skalierung voraus, denn das zu Messende ist bereits durch bestimmte Handlungs- oder Auffassungskontexte qualitativ vorbestimmt. Skalierende Verfahren basieren auf Gleichordnung und Metrik, nicht aber auf der Bewertung von Phänomenen. Bewertung findet unter dem Gesichtspunkt von Präferenzschemata statt, die der Verarbeitung der Daten vorgegeben sind. Systeme könnten eine Bewertung nur unter der Bedingung vornehmen, dass sie eigene Intentionen verfolgen, sich also zu den Daten, die sie verarbeiten, in einer reflexiven Weise positionieren. Die Bewertung aber hängt letztlich an einem bewertenden Subjekt, das selbst ein historisches Vermittlungsprodukt ist, in dem sich auch allgemeine Präferenzen artikulieren. Das Ich ist nicht nur Ergebnis einer Selbststiftung, sondern auch eine Formierung durch Vorgegebenheiten, Dispositionen und vergangenen Positionierungen.

Es kommt zu einer Ideologisierung der Wissenschaft, wenn ihre historische Disposition ausgeblendet oder marginalisiert wird. Wissenschaft muss notwendigerweise Präzision und Exaktheit anstreben, d.h. Unschärfen, wo immer es möglich ist, vermeiden, weil nur so bestimmte Wahrheitsansprüche eingelöst werden können. Diese Entwicklung nahm die Wissenschaft nicht zuletzt infolge der Orientierung an der paradigmatischen Mathematik. Die Mathematik als eidetische Wissenschaft, die frei ist von empirischen Ingredienzen, vermag Unschärfen quasi auf eine Stufe der Exaktheit zu hieven. Für empirische Disziplinen kann sie aber immer nur ein Instrumentarium sein. Laplace' rationalistischer Wille, alles unter die Kontrolle eines kalkulierenden wissenschaftlichen Handelns zu bringen, wird zu einem ideologischen Ausdruck, wenn er nicht im kantischen Sinne eine empirische Polung bzw. eine Begrenzung erfährt. Begrenzung eigener Geltungsansprüche ist nicht nur eine Bedingung transzendentalphilosophischer Reflexion, sondern auch eine Bedingung für wissenschaftliches Handeln.

Eine Ideologisierung unter dem Schlagwort der Nachgeschichtlichkeit findet nun statt, wenn geschichtlicher Wandel nur noch als eine Kumulierung von Ereignissen angesehen wird, die als berechenbar und planbar angesehen werden. Theorien der Nachgeschichtlichkeit sind selbst Ausdruck eines bestimmten geschichtlichen Zugriffs auf die Welt. Dieser Zugriff kann durchaus einen Erkenntniswert haben, etwa wenn festgestellt wird, dass eine rein personenzentrierte Geschichtsdeutung unangemessen ist; oder dass mit einer bestimmten medialen Codierung von Weltphänomenen auch ein neues Weltbild entsteht, das mythische Erfahrungen wiederbeleben, aber auch von historischen Belastungen befreien kann. Kulturelle Nivellierungen, die nicht zuletzt durch die

Nutzung vernetzter digitaler Medien allenthalben wahrzunehmen sind, führen gewiss auch zu Marginalisierungen von Historizität. Diese Nivellierungstendenzen sind aber nicht zu isolieren von ökonomischen Interessen, die in einer globalen Markthomogenisierung eine große Chance sehen. Gleichzeitig stellen wir aber auch neue kulturelle Antagonismen fest, die durch weltweite Migrationsbewegungen befördert werden. Digitalisierung hilft, solche Bewegungen zu initiieren und zu steuern. Es ist durchaus ein Gebrauch digitaler Medien zu konstatieren, der weder dem eigenen entspricht, noch Formen kultureller Nivellierung zeitigt. So wäre etwa zu prüfen, ob das berüchtigte IS-Video über die Verbrennung eines Piloten nur Ausdruck einer Interpretation koranischer Vorschriften ist mit der Absicht, Furcht und Schrecken zu verbreiten, oder auch ein Reflex auf neue Möglichkeiten in digitalen, virtuellen Welten Machtphantasien, Perversionen und Sadismen auszuleben.

Theorien der Nachgeschichtlichkeit haben einen Erklärungswert für geschichtliche Phasen, sind aber selbst Ausdruck historischer Entwicklungen, die Vorläufer z.B. in eschatologischen Bewegungen haben.

Eine datenbasierte Wissenschaft kann nicht nur eine Prekarisierung des Wissenschaftsbetriebs fördern, sondern im Falle angewandter Wissenschaft auch eine unangemessene Handlungs- und Bewertungssicherheit. Wenn Ergebnisangebote von informatischen Systemen nicht mehr als solche erkannt werden, weil eine kritische Reflexion dieser Angebote unterbleibt, kann dies zu Entmündigungen und Fehleinschätzungen führen. Ergebnisangebote erfahren in der Anwendung de facto eine relationale und situative Zuordnung. Dies geschieht entweder in einem bewussten Akt, der das Ergebnis zur Handlungssituation in Beziehung setzt, oder in der Weise einer Unterwerfung unter das Ergebnisangebot im Sinne einer Anerkennung von automatisierten Abläufen, die alles zu meinem Besten und zum Besten der Gesellschaft regeln – dies bedeutet letztlich eine Unterwerfung unter die Macht der Systembetreiber und -entwickler. Fortgeschrittene informatische Systeme können Verbesserungen etwa in der medizinischen Praxis bewirken, wenn Erfahrungsmängel unerfahrener Ärzte durch sie ausgeglichen werden. Allein in Krisensituationen, in denen es auf die Transzendierung standardisierter Handlungsmöglichkeiten ankommt, gerät selbst das perfekteste System an seine Grenzen. Die Lücke zwischen dem situativ Notwendigen und dem Systemangebot wäre vom System nur zu schließen, wenn es aus dem kalkulierenden in einen bewertenden Zustand übergeht. Letzteres ist aber nie geschichtslos zu betreiben und von der Fähigkeit abhängig, eigene Intentionen zu artikulieren. Genau dazu ist aber ein kalkulierendes Werkzeug, das selbst ein geschichtlicher Ausdruck ist, nicht imstande. Dass es sich bei fortgeschrittenen informatischen Systemen, die adaptiv und kontextsensitiv agieren, um eine besondere Form eines geschichtlichen Ausdrucks handelt, ist offensichtlich. Wie sich dieser konkret artikuliert, wie er das Ergebnisangebot disponiert, müsste aber im Detail noch untersucht werden.

Unangemessen ist eine Handlungs- und Bewertungssicherheit im Umgang mit datenbasierten Systemen immer dann, wenn das Situative und Ereignishafte ausgeblendet bzw. der Versuch unternommen wird, alles in Typologisches zu transformieren, ein Verfahren, das im Übrigen auch in der rationalistischen Phänomenologie Husserls betrieben wurde. Über Singuläres gibt es deshalb keinen Zugriff in einem exakten, kalkulierbaren, wissenschaftlichen Sinne, weil man das Situative und Ereignishafte nur auslegend erfassen kann. Der interpretatorische Zugriff ist dennoch kein beliebiger, basiert er doch auf Bedingungen, die zum Teil durchaus in Daten erfasst werden können, wie Quellendatierungen, Ereignisverortungen, Identifizierung handelnder Personen etc. Des Weiteren unterliegen interpretative Begründungen durchaus auch dem Widerspruchsprinzip, sie können innerdisziplinär nicht beliebig ins Spiel gebracht werden und müssen eine gewisse Kompatibilität mit bestehenden Einsichten aufweisen, wenn sie disziplinäre Akzeptanz finden soll. Diskutierbar ist letztlich nur, was an den bestehenden disziplinären Diskurs anschließbar ist.

Mit der Entgeschichtlichung der Wissenschaft und des alltäglichen Lebens – was wie dargelegt nicht in einem absoluten Sinne verstanden werden darf, sondern sich nur in Formen der Geschichtsvergessenheit bzw. der Prozessverlangsamung äußert – geht ein Abbau impliziten Wissens und von Kompetenz einher. Implizites Wissen ist zwar unscharf und nie vollkommen explizit zu machen, es steht aber in einem besonderen Verhältnis zum Situativen und historisch Wandelbaren. Es mag wissenschaftlich unbrauchbar sein, aber alles wissenschaftliche Wissen ist eingebettet in ein Feld von implizitem Wissen, das sich aus der Erfahrung einer gelingenden Handlungspraxis speist, die sozusagen der Wandelbarkeit der Verhältnisse zu trotzen vermag. Wissenschaftliches Wissen versucht, etwas explizit und allgemein nachvollziehbar zu machen, implizites Wissen dagegen entzieht sich in gewisser Weise wissenschaftlicher Transparenz, weil es auf Wandelbarkeit und Variabilität angelegt ist. Dies schließt zwar die Erfassung typologischer Abläufe nicht aus, es handelt sich aber um Abläufe, die problemlos in andere Kontexte übertragen und variiert werden können. Wer über implizites Wissen verfügt, ist imstande, das Gegebene zu transzendieren ohne Kalküle anzuwenden. Implizites Wissen ist empirisch fundiert, liegt aber nicht in konzeptueller Weise vor. Als ein Wissen, das allein auf eine gelingende Praxis bezogen und als individuelles Vermögen leiblich disponiert ist, ist es in gewisser Hinsicht beständiger in der Zeit als explizites Wissen. Es überlebt den individuellen Tod aber nur, insofern es in konkreten Interaktionen von anderen abgeschaut wird, wie es im Verhältnis von Lehrling und Meister geschieht. Mit dem Abbau von implizitem Wissen ist ein Kompetenzabbau verbunden, der sich etwa darin äußert, dass ein Handlungswissen in Krisensituationen, das schnelles Handeln erfordert, nicht mehr zur Verfügung steht. Implizites Wissen als an eine gelingende Praxis gebundenes leibfundiertes Wissen kann nicht auf einer Symbolsphäre repräsentiert werden, sondern nur in situativ und historisch gebundenen praktischen Verhältnissen sichtbar gemacht werden. Aus diesem Grund gelangen wir hier zu einem informationswissenschaftlichen Problem, das uns beispielsweise im hierzulande weitgehend zum Erliegen gekommenen Bergbau begegnet. Das Wissen eines erfahrenen Steigers äußert sich auch im Ertasten einer zu hohen Feuchtigkeit eines Stützbalkens oder in der Wahrnehmung von feinen Geruchsveränderungen. Das Wissen eines Angehörigen eines im Regenwald lebenden Naturvolkes speist sich bei der Jagd aus bestimmten Synästhesien und einem spontanen Zusammenspiel besonderer Wahrnehmungen und Handlungsabläufe, nicht aus einem Kalkül. Implizites Wissen ist insofern auch ein historisches Wissen, als es adaptiv und auf sich wandelnde künftige Verhältnisse eingestellt ist. Es ist erweiter- und verbesserbar, ohne dass es an Wert verliert bzw. als falsch klassifiziert werden muss.

Digital Humanties können ohne Frage die explizite Sphäre kultureller Äußerungen in neuer Weise objektivierbar und überprüfbar machen, sie können gewiss auch Beiträge leisten, neue Relationen in den kulturellen Oberflächencodes sichtbar zu machen, sie können den Kulturwissenschaftler aber nicht von der Notwendigkeit der Interpretation der vorgelegten Ergebnisse befreien. Insbesondere bedarf es zum Verständnis des impliziten Gehalts hermeneutischer Fähigkeiten, die sich nicht aus Kalkülen ziehen lassen. Kalküle machen Ergebnisangebote, die bewertet und überprüft werden müssen. Die auslegende Bewertungs- und Überprüfungsinstanz bleibt aber letztlich immer mit ihrer konkreten zeitlichen und räumlichen Verortung im Spiel. Alles Verstehen bleibt perspektivisches Verstehen, das Objektivierungsversuchen widerstreitet.

Wenn Wahrheitsansprüche auf Kalküle heruntergebrochen werden, findet in empirischen Kontexten eine Unterschlagung der Vermitteltheit dieser Wahrheitsansprüche statt. Wahrheitsansprüche sind selbst Ausdruck historischer Bewertung. Physikalische Wahrheitsansprüche erfuhren mit der Relativitätstheorie und der Quantenphysik einen Wandel mit entsprechender Auswirkung auf Exaktheitsansprüche und Ansprüche auf die Geltungsbereiche von Gesetzmäßigkeiten. Dennoch ist damit die Newton'sche Physik nicht verschwunden oder als falsch klassifiziert, sondern nur in ihrem Geltungsbereich eingeschränkt. Auch die Ansprüche einer auf Daten und Kalkülen basierenden Wissenschaft ist Ausdruck einer bestimmten historischen Situation, die mehr denn je Wissenschaft nicht mehr von technischen Problembewältigungen abtrennt und eine gelingende Handlungspraxis als Ziel der wissenschaftlichen Praxis nimmt.

Zuletzt kann die Entgeschichtlichung des Alltags zu einer Entethisierung führen in dem Sinne, dass Handeln immer weniger ermöglicht wird, wenn dieser Alltag durch automatisierte Systemaktionen ‚entlastet' wird. Vielmehr kann es zur Entmündigung des Handelnden kommen, wenn Systemaktionen nicht eine ständige kritisch-reflexive Begleitung erfahren und situativ bewertet werden. Wir erleben in den gegenwärtigen Diskussionen über technische Autonomie exemplarisch am Fahren mit ‚autonomen' PKWs den Versuch, Systeme ethisch zu ‚polen', was Ethik aber konterkariert. Wir können Systemen, die keine eigenen Intentionen haben, kein verantwortliches Handeln beibringen. Zum einen, weil sie, solange sie unsere Werkzeuge sind, nicht handeln, sondern entsprechend eines Algorithmus Aktionsabläufe regeln. Zum anderen sind solche Systeme kulturell disponiert. Was wir tun, ist, den Systemaktionen eine Rahmung zu geben, die diese Aktionen mit unseren gegenwärtigen Wertpräferenzen kompatibel macht.

Jede ethische Erörterung gerät da an eine Grenze, wo die allgemeine Regel eine konkrete Umsetzung erfahren muss. Bereits Aristoteles konstatierte in seiner Nikomachischen Ethik, dass praktische Philosophie nicht in der gleichen Weise als Wissenschaft behandelt werden kann wie die theoretische Philosophie. Im praktischen Handeln geht es um die konkrete Umsetzung einer Regel an einem bestimmten Ort zu einer bestimmten Zeit. Damit sprengt praktisches Handeln den Rahmen wissenschaftlichen Handelns. Gemäß dem Satz, dass es über Einzelnes keine Wissenschaft gibt (De singularibus non est scientia), kann praktische Philosophie letztlich nur bis zu einem bestimmtem Punkt als Wissenschaft betrieben werden. Regulierungsbedürfnisse kommen entsprechend da an eine Grenze, wo eine Regel situativ umgesetzt werden muss. Situationen sind prinzipiell nicht vollständig und allgemein zu beschreiben, weil sie auf ein Handlungssubjekt zentriert sind, das konkrete Intentionen verfolgt, konkrete Präferenzen hat und konkreten Stimmungen unterliegt – aber auch über konkrete Vermögen oder Mittel verfügt, die die Umsetzung von Intentionen ermöglichen oder nicht ermöglichen. Die Situation ist auch deshalb nicht objektiv und vollständig beschreibbar, weil sie eine Vorgeschichte hat, und der, der handeln soll, in diese Situation etwas hineinträgt, was nicht völlig explizit und transparent zu machen ist. Handlungssituationen sind insofern immer historisch, kulturell bzw. individualgeschichtlich aufgeladen.

Der Rechtsphilosoph Hans Welzel hat 1951 den ‚Weichenstellerfall' diskutiert[33], der auf Überlegungen von Karl Englisch basiert[34] und in den späten 1960er Jahren über Philippa Foots Variation als Trolley-

33 Welzel, Heinz: Zum Notstandsproblem. In: ZStW Zeitschrift für die gesamte Strafrechtswissenschaft 63 (1951), S.47 ff.
34 Englisch, Karl: Untersuchungen über Vorsatz und Fahrlässigkeit im Strafrecht. Berlin 1930, S. 288.

Problem[35] bekannt wurde. Bei Welzel geht es darum, wie durch eine Weichenumstellung verhindert werden kann, dass ein vollbesetzter Zug auf einen stehenden Zug auffährt; gleichwohl hat diese Aktion den Effekt, dass einige Bauarbeiter getötet werden. Es handelt sich also um ein utilitaristisches Abwägebeispiel, das immer wieder variiert und differenziert wurde. Es spielt für die Programmierung selbstfahrender Fahrzeuge eine wichtige Rolle, zeigt aber auch, wo die Grenzen einer moralischen Programmierung von Systemen liegen. Vorausgesetzt, man lässt sich überhaupt auf den utilitaristischen Diskurs ein – und es gibt Gründe dies nicht zu tun –, kann ein System noch so differenziert programmiert werden, die Programmierung bleibt unbefriedigend. Man stelle sich vor, dass eine Situation eintritt, welche das Ausbrechen des Fahrzeugs aus der Spur unvermeidlich macht. Rechts steht eine alte, gebrechliche Frau, links zwei Kinder. Welche Präferenz soll das System setzen. Wahrscheinlich würden die meisten das Leben der Kinder höher einschätzen als ein Leben, das größtenteils schon vollzogen ist. Jetzt ist die gebrechliche Frau aber eine Wissenschaftlerin, die an einem Medikament zur Krebstherapie arbeitet. Wie wären nun die Präferenzen? Kulturelle Aspekte können bei moralischen Fragen nicht ignoriert werden. Man denke an die inferiorische Rolle der Frau im streng islamischen Kulturkreis, die dort bei der ,ethischen' Justierung eines Fahrzeugs wohl berücksichtigt würde; das gleiche gälte wohl für die Rolle der Kuh im hinduistischen Kulturkreis; auch dort käme es wohl zu Präferenzen, die mit unserem Wertekanon kaum vereinbar wären. Was mit den moralischen Bedingungen unserer Kultur übereinstimmen mag, muss noch lange nicht mit den Bedingungen anderer Kulturen übereinstimmen. Und selbst in der eigenen geteilten Kultur sind Konflikte denkbar, die ein programmiertes Schema infrage stellen. Es sind Konstellationen vorstellbar, die Präferenzregeln konterkarieren. Dies macht solche Regeln nicht überflüssig, macht einen universalen Geltungsanspruch aber fragwürdig.

Es gibt grundsätzlich Grenzen einer ,ethischen' Regulierung. Eine hohe Regulierungsdichte würde moralische Konflikte weder abschwächen, geschweige denn lösen. Im Gegenteil, sie würde zu einer Ent-

---

35 Foot, Philippa: The Problem of Abortion and the Doctrine of the Double Effect, in: Virtues and Vices, Oxford 1978, (Erstveröffentlichung 1967)

ethisierung beitragen, also zu einer Entsensibilisierung für ethische Konflikte und zu einer generellen Exkulpierung, also Verantwortungs- nichtwahrnehmung beitragen. Von den drei großen Leitwerten unseres Grundgesetzes Würde, Autonomie und Subsidiarität dient letzterer der Absicherung gegenüber Entmündigung, Paternalismus und Gängelung. Zugleich fordert das Subsidiaritätsprinzip die prinzipielle Anerkennung der Beteiligung des Einzelnen bei allen ihn unmittelbar betreffenden Angelegenheiten. Verantwortliches Handeln kann nur situativ und kon- kret erfolgen, es ist nicht aus pragmatischen Kontexten herauszulösen.

Robotische Systeme handeln nicht, weil sie keine Eigenintentionen verfolgen, ihnen die Zwecksetzungskompetenz fehlt und sie nicht wäh- len, sondern rechnen.[36] Entscheidend ist, dass keine technische Regu- lierungsmaßnahme Entwickler, Einrichter und Nutzer von Systemen von ihrer Verantwortung entlasten kann, weil das System selbst nicht von seinen Aktionen in einem moralischen Sinne betroffen ist. Auch ‚auto- nome' (robotische) Systeme verfügen nicht über Autonomie in einem starken Sinne, weil sie selbst keine Regeln setzen, sondern nur befolgen.

Auch juristisch wäre eine zu hohe Regulierungsdichte problema- tisch, wenn Systeme permanent an wandelnde Gegebenheiten ange- passt werden bzw. sich als selbstlernende Systeme anpassen müssten. Mit der Anpassung könnte es aber auch zu Unberechenbarkeiten in der Mensch-Maschine-Interaktion kommen. Berechenbarkeit erlangen wir nur durch eine gewisse funktionelle Statik des Systems. Gesetze dienen dazu, unseren Handlungen eine stabile und langlebige Rahmung zu ge- ben. Sie ersetzen aber nicht Handlungen, die von Zwecksetzungs- und Mittelwahlkompetenz sowie Wahl gekennzeichnet sind.

Digitalisierung ist aufs Engste mit der positivistischen Data- fizierungsidee verwoben und trägt in gewisser Weise den Keim einer Entgeschichtlichung in sich, wenn Geschichte als eine berechenbare Größe behandelt wird, die wesenhafte Ereignishaftigkeit und Wider- ständigkeit des Geschichtlichen aber nicht in Rechnung gestellt wird. Digitalisierungsbestrebungen stehen in der Tradition eines rationalisti- schen, positivistischen Wissenschaftsverständnisses, das als wissen-

36 Wiegerling, Klaus: Warum Maschinen nicht für uns denken, handeln und entscheiden. In Grimm, P. Zöllner, O. (Hg.) Mensch Maschine – Ethische Sichtweisen auf ein Span- nungsverhältnis. Stuttgart, Steiner 2018, S. 33-46.

schaftliche Einsicht nur zulässt, was in berechenbarer Weise allgemein nachvollziehbar ist. Wenngleich die Ereigniswissenschaften auf der Basis allgemein zugänglicher und überprüfbarer Quellenfunde und Verortungs- und Identifizierungsergebnisse agieren, so entzieht sich ihre Auslegetätigkeit der Berechenbarkeit. Zwar kommt Auslegung niemals ohne Begründung aus, auslegende Disziplinen verbleiben aber nicht auf der Seite der Doxa, sondern liefern Gründe, die allerdings auch mit Gründen zurückgewiesen werden können.

Digitalisierung geht nicht zwangsläufig mit Formen einer Entgeschichtlichung einher, aber die Idee, wie sie gegenwärtig politisch und wissenschaftlich forciert wird, birgt die Gefahr einer Ideologisierung bzw. einer metaphysischen Aufladung, wenn vergessen wird, dass sie selbst Ergebnis einer bestimmten Stufe historischer Prozessualität ist und keine Begrenzung eigener Geltungsansprüche vornimmt.

Ein nachgeschichtlicher Zustand aufgrund der Digitalisierung aller Lebenssphären bleibt so oder so eine Chimäre, d.h. eine Fehleinschätzung, die erkenntnistheoretisch nicht eingelöst werden kann, weil jede Form der skalierenden Datenerfassung mit Desartikulationen einhergeht. Alles Geschichtliche ist Ergebnis eines Bewertungsvorganges, der streng genommen keinen Anfang hat und, solange es Menschen gibt, auch kein Ende. Die Konstatierung eines Endes der Geschichte ist zugleich ein Heraustreten aus dem Bereich wissenschaftlicher Erkenntnis hin zur metaphysischen Behauptung. Gerade der totale Geltungsanspruch kalkulierender und datafizierender wissenschaftlicher Methoden leitet das Ende der Wissenschaftlichkeit ein. Wissenschaft gibt es nur zum Preis begrenzter Geltungsansprüche. Diese Einsicht war Kants Vermächtnis, das nur durch die permanente Kritik eigener Geltungsansprüche gewahrt werden kann. Verlassen wir den Boden der Kritik, betreiben wir keine Wissenschaft mehr. Wissenschaft wäre dann nur noch eine Erzählung wie viele andere mythologische und religiöse Erzählungen auch. Besondere Wahrheitsansprüche – also das, was ihr von der Gesellschaft ausdrücklich zugebilligter zentraler Anspruch ist –, könnte Wissenschaft dann aber nicht mehr erheben.

Literatur

Anders, Günther: Die Antiquiertheit des Menschen. Bd.1. München 1956.

Aristoteles: Physik. In: Philosophische Schriften 6. Darmstadt (WBG) 1995.

Bouglé, Célestin: Les rapports de l'histoire et de la science sociale d'après Cournot. In: Metaphysique Morale 13. Paris 1905.

Capurro, Rafael: Homo Digitalis – Beiträge zur Ontologie, Anthropologie und Ethik der digitalen Technik. Wiesbaden 2017.

Cournot, Antoine-Augustine: Traité de l'enchainement des idées fondament. Dans les sciences et dans histoire. OEuvres compl. Vol.3. Paris 1982.

de Man, Hendrik „Vermassung und Kulturverfall – Eine Diagnose unserer Zeit. Bern 1951.

Englisch, Karl: Untersuchungen über Vorsatz und Fahrlässigkeit im Strafrecht. Berlin 1930.

Flusser, Vilém: Die Schrift – Hat Schreiben Zukunft? Frankfurt am Main 1992.

Foot, Philippa: The Problem of Abortion and the Doctrine of the Double Effect, in: Virtues and Vices, Oxford 1978 (Erstveröffentlichung 1967).

Foucault, Michel: Das historische Apriori und das Archiv. In: Derselbe: Botschaften der Macht. Stuttgart 1999.

Fukuyama, Francis: The End of History and the Last Man. New York 1992.

Gehlen, Arnold: Über die Geburt der Freiheit aus der Entfremdung, Gesamtausgabe Bd.4. Frankfurt am Main 1982 (Erstveröffentlichung 1952).

Janich, Peter: Kultur und Methode. Frankfurt am Main 2006.

Kaminski, Andreas: Technik als Erwartung: Grundzüge einer allgemeinen Technikphilosophie. Bielefeld 2010.

Leibniz, Gottfried Wilhelm (Leibniz 1859) : Math. Schriften 5, hg. C. I. GERHARDT, (H.W. Schmidt) Berlin 1859.

Mayer-Schönberger, Viktor /Cukier, Kenneth: Big Data, die Revolution, die unser Leben verändern wird. München 2013.

Mumford, Lewis: Hoffnung und Barbarei – Die Verwandlung des Menschen. Frankfurt am Main 1981 (original 1956).

Seidenberg, Roderick.: The Postheroic Man. Chapel Hill 1950.

Welzel, Heinz: Zum Notstandsproblem. In: ZStW Zeitschrift für die gesamte Strafrechtswissenschaft 63 (1951).

Wiegerling, Klaus: Warum Maschinen nicht für uns denken, handeln und entscheiden. In Grimm, P. Zöllner, O. (Hg.) Mensch Maschine – Ethische Sichtweisen auf ein Spannungsverhältnis. Stuttgart 2018.

Kurzbiografien

Prof. Dr. Petra Grimm
Seit 1998 Professorin für Medienforschung/Kommunikationswissenschaft an der Hochschule der Medien (HdM) Stuttgart; seit 2000 Ethikbeauftragte der Hochschule der Medien; seit 2013 Mitgründerin und Mitglied des Leitungsgremiums des Instituts für Digitale Ethik (IDE) der Hochschule der Medien Stuttgart.

Prof. Dr. Klaus Koziol
Seit 1994 Mitglied der Kirchenleitung der Diözese Rottenburg-Stuttgart, Vorsitzender der Bischöflichen Medienstiftung; seit 1994 bzw. 1999 Mitglied im Landesrundfunkrat und Verwaltungsrat des SWR; seit 2006 Professor für Social Marketing an der Katholischen Hochschule in Freiburg i. Br.; seit 2019 Bischöflicher Beauftragter für Digitalisierung, Menschenwürde und humane Kommunikation.

Dr. med. Hans-Joachim Maaz
Psychiater, Psychotherapeut, Psychoanalytiker; 1980-2008 Chefarzt der Klinik für Psychotherapie und Psychosomatik im Diakoniekrankenhaus Halle/S.; Vorsitzender des Choriner Instituts für Tiefenpsychologie und psychosoziale Prävention; Vorsitzender der „Hans-Joachim Maaz-Stiftung Beziehungskultur".

Prof. Dr. Thomas Weißer (Laubach)
2006-2012 Senderbeauftragter der Katholischen Kirche beim SWR Mainz; seit 2007 Vertreter der Katholischen Kirche (Rheinland-Pfalz) bei der Landesmedienanstalt für Kommunikation (LMK); seit 2012 Professor für Theologische Ethik an der Otto-Friedrich-Universität Bamberg.

Prof. Dr. Klaus Wiegerling

Bis Ende 2019 am Institut für Technikfolgenabschätzung und Systemanalyse (ITAS) des KIT Karlsruhe tätig; seit 2020 in Pension; Lehrbeauftragter der TU Kaiserslautern, TU Darmstadt und HDM Stuttgart; Herausgeber der Schriftenreihe ‚Anthropologie – Technikphilosophie – Gesellschaft' bei Springer VS; letzte Buchpublikation: Datafizierung und Big Data – Ethische, anthropologische und wissenschaftstheoretische Perspektiven, (Springer VS) Wiesbaden 2020.